現場で役立つ

鉄道ビジネス英語

東日本旅客鉄道株式会社　国際事業本部　編著

成山堂書店

はじめに

　本書は、海外での鉄道ビジネスに用いられる英語（以下「鉄道ビジネス英語」）に関する知識やノウハウについて紹介することをねらいとしている。

　日本では、整備新幹線や大都市部の既存のネットワークを補完する路線を除き、新たな鉄道の新線建設プロジェクトは非常に少なくなっている。一方で、世界の鉄道マーケットは、開発途上国の経済発展、地球環境保全の観点からの鉄道の役割の再評価等に伴い、今後も着実な成長が見込まれる。したがって、日本の鉄道関係業界が鉄道ビジネスを拡大していくためには、海外への進出が不可避となる。海外での鉄道ビジネスに携わる人には、鉄道の技術や経営に関する高度な知識やノウハウが求められるが、同時に、国際社会で通用するビジネス言語としての英語に関する知識やノウハウも必要となる。

　本書は、当社（東日本旅客鉄道株式会社、通称「JR東日本」）およびそのグループ会社が海外鉄道プロジェクトでの経験から得たものを中心に、鉄道ビジネス英語に関する知識やノウハウをまとめわかりやすく解説したものである。本書の特徴は以下のとおりである。

1　海外鉄道ビジネスの現場の英語に特化。
2　「書く英語」に重点。
3　国際規格の重要性に焦点。
4　「覚える」のではなく「考え方を知る」ことを重視。
5　鉄道ビジネス英語に特化した勉強の方法を紹介。
6　通訳、翻訳会社の活用など、ビジネス実践のノウハウを紹介。

　当社にとっても、このように鉄道ビジネス英語に関する知識やノウハウを体系的に整理してみたのは初めてのことである。

　当社グループは近年、多くの組織の庇護やご助力の下、タイ・バンコクの都市鉄道「パープルライン」への車両供給や現地法人による車両・地上設備のメンテナンス、インドネシア・ミャンマーの鉄道事業者への中古車両譲渡や技術支援、インド高速鉄道プロジェクトの支援など海外の鉄道プロジェクトに参画してきた。その過程で、英語のスキルも含め海外ビジネスのノウハウを身につけた人材が着実に育ってきている。しかし、今後の海外展開の拡大のためには、これまでにも増して海外ビジネスに対応できる人材の育成が急務となっている。

そのためには、これまでのように鉄道ビジネス英語に精通した社員が海外ビジネスの現場で必要が生じた時に場当たり的に他の社員に伝えるということでは不十分だ。社員がそれぞれに蓄積してきた知識やノウハウを整理し、共有し、継承することにより、一層システマティックに取り組んでいくことが求められている。その第一歩として今回、これまで暗黙知であった鉄道英語に関する当社の知識やノウハウについて文書化を試みた。

　また、これを本書のような形で出版し、一般に公開することとした。本書は、当社の社員に限らず、これから海外での鉄道ビジネスに関わっていこうとする日本の鉄道関係者一般にとっても役に立つ内容を少なからず含んでいると思う。本書の刊行によって、海外鉄道ビジネスに参画する方々と鉄道ビジネス英語に関わる知識やノウハウが共有でき、すぐれた技術を誇る日本の鉄道の海外展開にわずかながらでも貢献することができれば幸いである。

　なお、本書の執筆にあたっては、長岡技術科学大学名誉教授の平尾裕司先生にご助力をいただいた。この場をお借りして深くお礼申し上げる次第である。

2022 年 10 月

執筆者代表

タイ・バンコクの都市鉄道パープルライン

本書の活用上の注意

 「コラム」と「上級編コラム」について

　本書は、特に海外の鉄道ビジネスに関わる方々を読者として想定している。一方で、そのようなプロの方々だけでなく、鉄道に関心を持つ方、英語に関心を持つ方など一般の方々にも興味をお持ちいただける内容も多く含まれている。鉄道や英語に関する豆知識に属するような記述もあり、本書には「うんちく本」として楽しんでいただける要素もある。

　したがって、本書の構成に当たっては、幅広い読者層に読みやすいものとするための工夫を試みた。

　第一に、当社グループの社員の実体験に基づくエピソードや豆知識的な記述については、「コラム」として本文から分け、そこだけを拾って楽しんでお読みいただくこともできるよう工夫した。

　第二に、海外鉄道ビジネスのプロの方に向けた専門的な記述については「上級編コラム」として本文から分けた。これらは、一般の方々は飛ばして読んでいただいても本書の全体を理解していただく上で特に支障はない。一方、プロの方々にとっては、実務上有益な情報を多くカバーしており、十分に噛み応えのある内容であると考えている。

　さまざまなタイプの読者の方が、それぞれの目的や関心に応じ、本書をご活用いただき、あるいは、お楽しみいただければ幸いである。

 本書で紹介する英語表現について

　本書では、当社およびそのグループ会社の経験などをもとに、鉄道ビジネスの現場で使える鉄道関係の用語や文章の英語表現を多数紹介している。これらは、当社社員等の体験や学習を踏まえ、「実際にこの表現で通じた」または「この表現なら通じるだろう」と執筆担当者が考えるものを掲載したものだ。本書に掲載したものはそういう意味で、実務者にとっての「正しい英語表現」だと考えている。

　ただし、異なる背景を持つさまざまな鉄道ビジネスの現場で、本書に掲載した英語表現が必ずどんな場合でも通用するとは限らないだろう。言葉は文脈、つまりその場面ごとの

背景や話の流れ・つながりなどによって使い方が変わってくる。したがって、「どんな場面でもこういえば必ず通じる」という意味での「絶対に正しい英語表現」というものはない。

　実際に、「本書で紹介する英語表現では通じなかった」という経験をされる方もおられるだろうし、「自分は本書で紹介する表現とは違う表現を使っているが、問題は生じていない」と主張される方もおられるだろう。それはおそらく、異なる文脈の下でさまざまな「正しい英語表現」が使われるからである。

　本書は辞典とは異なり、さまざまな英語表現についてあらゆる意味や用法を紹介できるものではない。一方、本書は単に「日本語の○○は英語では××という」と記述するだけではなく、「なぜそのような表現になるのか」、「どのように英語表現を考え出すか」など英語表現に関する考え方について解説を充実させるよう配慮している。

　こういった本書の位置づけについて十分ご理解の上、鉄道ビジネスのさまざまなシーンで最もふさわしい英語表現を使っていくための参考として、本書をご活用いただければ幸いである。

3　日本語・英語の用語索引について

　2では、本書は辞典のようなものとは性格が異なること、英語表現に関する考え方についての解説に主眼を置いていることを説明した。しかし、そのような前提で活用していただくとしても、さまざまな日本語の用語に対応する英語表現、英語の用語に対応する日本語表現を調べるために本書を利用したいというニーズもあると思う。

　そのため、日本語・英語の両方から引くことができる用語索引を巻末に置くこととした。これによって、本書を用語辞典のように利用することもできるようになっている。

　ただし、繰り返しになって恐縮だが、本書の主眼は英語表現に対する考え方を解説するところにある。単に「用語を引く」だけでなく、英語に対する理解を深め、業務の中で出会う英語に関わる問題への解決策を見出すための材料として、本書をご活用いただければ幸いである。

4　ネイティブ・チェックについて

　本書で使用している英語の例文の文章表現は、主にアメリカ人英語ネイティブ・スピーカーによるネイティブ・チェックを経ている。

ただし、英語にもイギリス式英語とアメリカ式英語との違い（第3章2-1参照）をはじめ、国や地域などによってさまざまな違いがある。また、多国間の国際会議では、アメリカ人やイギリス人のようなネイティブ・スピーカーが少数派、ノン・ネイティブ・スピーカーが多数派となることも多い。そこでは、ノン・ネイティブも含めた英語話者の間で、世界の共通語としての英語が通用する。さらに、世界の鉄道の専門家の間では、日常生活の中の英語と異なる英語表現が使われる（第1章2-2参照）。したがって、ネイティブ・スピーカーから「英語として違和感がある」との指摘を受けた表現でも、国際規格や国際的な鉄道関係団体の文書、業界誌の記事などで実際に使用されている表現については、本書では修正せずそのまま記載した。

　たとえば、「車両」は "vehicle" ではなく "rail vehicle"（鉄道車両）とすべきとの指摘を受けたが、修正せず "vehicle" を使用した。確かに、"vehicle" は一般には道路を走る自動車も含めた車両のことであり、さらに、単に "vehicle" と言えば自動車を指すことが多い。しかし、世界の鉄道関係者が鉄道の話をしているときに、鉄道車両のことを "rail vehicle" と呼ぶことはないのだ。

　「ネイティブから見れば不自然な文章である」との指摘を受けた文章表現についても、Google のフレーズ検索（第4章3-1参照）で使用実績が十分あることが確認できたものがある。その場合は、世界的に広く普及している表現である（ということは、実際に使えば通じるはずである！）ことを重視し、本書では修正せずそのまま記載した。

　ネイティブ・チェックでは多くの貴重な指摘を受け、表現をより適切なものに修正することができた。チェックをご担当くださった方々にこの場を借りてお礼申し上げる。一方で、一部の指摘事項については、本書の目的や性格を考慮し、熟慮の上あえて修正しない判断をしたことをおことわりしておく。

目　次

第1章
「鉄道ビジネス英語」について

① 「鉄道ビジネス英語」に特化した学習を

> **Point**
> ① 「鉄道ビジネス英語」とは、「海外での鉄道ビジネスのための英語」。
> ② 鉄道ビジネス英語を学ぶためには、それに特化した学習が必要。

　「ビジネス英語」という言葉はよく聞かれるが、「鉄道ビジネス英語」を冠する本は、おそらく本書が初めてだろう。本書での「鉄道ビジネス英語」とは、「海外での鉄道ビジネスのための英語」をいう。つまり、海外で鉄道プロジェクトを進めるための打合せや交渉を行うために必要な英語である。これは、鉄道事業者が鉄道を利用されるお客さまにご案内を行うための英語とは語彙も使う表現も異なるものである。

　近年、海外の鉄道プロジェクトへの日本企業の進出が進んでいる。JR東日本グループも、さまざまな海外の鉄道プロジェクトに参画してきた。

　本書は、成長が見込まれる世界の鉄道マーケットに日本がさらに進出できるよう、日本の鉄道関係者の「鉄道ビジネス英語」の能力底上げに微力ながら貢献することを目指して

図 1-1　JR東日本からインドネシア通勤鉄道会社に譲渡された車両（左）とミャンマー国鉄に譲渡された車両（右）

いる。そのために、「鉄道ビジネス英語」に関する知識やノウハウを紹介することで、その学習をサポートする。具体的には、鉄道ビジネスに不可欠な鉄道関係の技術用語や文章表現を含む英語を紹介する。たとえば、テレビやラジオのビジネス英会話やオンライン英会話教室で、「列車の交換[1] 待ち」（第 5 章 3 - 2 (1)）や、「き電[2] を停止する区間が支障しないようにする」（本章 4 - 3 および第 5 章 1 - 4）といったことを英語で表現する機会はないだろう。こうしたことを英語でどう表現すればいいかが、本書のテーマである。また、「鉄道ビジネス英語」の学習法についても紹介する。

　もちろん、海外ビジネスでは、カウンターパートとのタフな交渉もつきものだ。交渉のための一般的なビジネス英語のスキルも必要になる。通訳を介して交渉を行うこともあるだろう。通訳の誤訳はもちろん、微妙な訳し方のニュアンスの問題によって、誤解や行き違いが生じることもあるだろう。このように、鉄道ビジネスに特化した知識やノウハウ以外に、英語を使って仕事をする上で注意すべきさまざまなノウハウもカバーしている。

書く英語を勉強する

Point
① 海外ビジネスでは、英文を書くことが重要。
② 鉄道の専門家にふさわしい英文が書けなければならない。

2-1 　海外ビジネスは書く英語

　海外ビジネスの現場では英文を書くことが相対的に重要となる。ビジネスは、英語文書のやりとりによって進められるからである。

　覚書、報告書、入札や契約に関する文書などのやりとりは基本的に英語で進められるが、こちらの利害に関わる重要事項について過不足なく表現していなければならない。後から「ここに書いてあるのは、そういう意味ではない。打合せの席では、こういうやりとりで双方了解したはずだ。」などと言ってもらちが明かない。口で言った話は残らず、書かれたものだけが残る。後で内容に疑義が生じないよう、明確にこちらの意図する内容を表現しておかなければならない。特に契約に関する文書では、不当な義務を負わされたり、逆

1)　単線区間で列車が行き違うこと。
2)　電気鉄道で列車が運行するための電力を供給すること。

に正当な要求ができなくなったりしないよう、英語の文章表現にも気を遣わなければならない。

図1-2　国際会議でのJR東日本社員のプレゼンテーション

　打合せや交渉も、すべて口頭ですますということはまずないだろう。海外ビジネスでも、パワーポイントを使ったプレゼンテーションはよく行われる。そこに書かれている英語の見出しや文章の用語や表現が間違っていたり誤解を招くものだったりすると、意思疎通に支障をきたす。せっかくのすばらしい提案も、正しく評価されないかもしれない。

　また、打合せや交渉は、その場で相手を説得し、理解が得られれば終わりではない。事後すみやかに協議内容や合意結果について、その都度文書で確認することが必要だ。英語で合意メモや覚書を作成し、双方で一つ一つ確認してサインをする。契約書など公式の文書はもちろんだが、打合せの合意メモのようなものも、手を抜かず注意して対処すべきだ。

　Zoomはもちろん電子メールもないころは、海外出張するほどでもない用事は国際電話で打ち合わせることもあった。しかし、今日、海外出張の事前相談や事後フォローなどは、電子メールで行うことが多い。つまり、海外ビジネスでは電子メールを英語で正しく書くことが必須である。

2-2　鉄道の専門家らしい英語を書く

　さらに、英語での文章表現の適切性（正しく書かれていること）が信頼に関わる面もある。ビジネスの現場では一般人・素人ではなく専門家同士だ。海外鉄道ビジネスも同様で、専門家が鉄道分野独特の用語を駆使してやりとりする場となる。たとえば、最も基本的な用語である「車両」という言葉も、世界の鉄道関係業界では "car" や "vehicle" のほかに "rolling stock" という表現があって、使い方に区別がある。「電車」は "electric car" ということはあまりなく、"EMU"（"electric multiple unit" の略）が一般に使われる。"rolling stock" や "EMU" は日常生活の中ではまず使われることがないが、海外鉄道ビジネスではこのような表現を状況に応じて正しく使って書いたり話したりすることが必要になる（第2章7）。

　世界を舞台として活躍する鉄道の専門家は、このような鉄道分野で慣用的に使われる語彙や表現を使いこなしており、逆にそれができないと、専門家としての資質も問われかねない。鉄道に関する技術面の知識・経験が豊かな専門家であっても、英語での文章表現が

適切にできないことで能力が疑われてしまうこともありうる。専門家にはそれにふさわしい文章作成能力が期待され、期待に添えないと先方の信頼を失うこともある。

　現代では、英会話に関するプログラムは豊富にある。Zoom などのアプリケーションを活用して、海外のネイティブスピーカーの講師とオンラインで会話を練習するプログラムもある。そうしたプログラムで仕事と関係のない話をするのは、臆せず英語で話す度胸をつける点ではプラスにはなる。しかし、それだけではビジネス英語のスキルを磨くには不十分だ。

　鉄道の海外ビジネスに関わるためには、鉄道に関する専門的な内容を英語で書くトレーニングが必要だ。本書は、書く英語に重点を置いて知識やノウハウを伝えることで、書くことに関する教育の必要性と不足とのギャップを埋めようとしている。もちろん、書くために必要な語彙や文章表現を覚えておけば、打合せや交渉の場でも、それを使って話すことによって効果的にこちらの考えを伝えることができる。専門的な用語や表現と基本的な構文を知っていれば、なんとか話して通じるようになる。したがって、書く能力の向上は、話す能力の向上にも直結する。

 ## ③ 国際規格と鉄道ビジネス英語

Point
① 国際規格の鉄道用語の英語表現は知っておくことが重要。国際規格を読むことで、鉄道ビジネス英語の勉強にもなる。
② 国際規格の作成に参加する際には、国際規格の英語表現に関する知識を活用し、日本に有利な交渉となるような英語表現をすることが必要。

3-1 国際規格の鉄道用語を知る

　鉄道の国際規格は、ISO（International Organization for Standardization：国際標準化機構）、IEC（International Electrotechnical Commission：国際電気標準会議）などの団体で開発[3]され、広く世界的に通用する。（国際規格の入手方法については、第4章1-3を参照。）その中ではさまざまな鉄道に関する用語が、定義されたり、また、定

3）規格を「作成」することを「開発」するという。

義されなくても統一的な表現として用いられたりする。世界の鉄道業界で作成されるさまざまな技術文書や、国際会議での口頭または文書でのやりとりでも、国際規格で定義された用語や統一的に用いられる用語が使われる。

たとえば、「鉄道」というごく基本的な用語にしても、"railway" と "railroad" の二種類の英語表現があり、どちらも間違いではない。しかし、世界の鉄道関係者の間では、もっぱら "railway" が使われる。"railway" はイギリス式英語、"railroad" はアメリカ式英語である。"railway" が使われるのは、イギリス式の方が世界的に広く通用するからでもあるだろうが、「鉄道」の国際規格での表現が "railway" に統一されていることが大きな理由と考えられる（第2章1）。

日本では、新幹線に対する在来線を英語で "conventional line" と呼んでいる。しかし、この表現が世界の鉄道関係者に通用するかというと、必ずしもそうではない。なぜなら、特に欧州では、"conventional" は磁気浮上式鉄道などではない、鉄の車輪・レールを用いる「従来型」の鉄道システムいう考え方があるからだ。実際に、最新の欧州の規格にも、この考え方が取り入れられている（第2章5）。この規格を前提とする欧州の鉄道関係者にとっては、"conventional" は「新幹線以外の鉄道」ではない。つまり、欧州の鉄道関係者に「在来線」のつもりで "conventional" という表現を使うと、話が通じない場合がある。

技術的・専門的な内容になると、用語の定義はより厳密になる。たとえば、日本語でもよく使われる「ハザード（hazard）」は、機械安全に関する国際規格では「危険の原因」のことだが、鉄道信号に関する欧州の規格では「事故を起こす恐れのある条件」のことだ。技術分野によって同じ用語でも意味が異なるため、国際規格の内容をきちんと理解しておかないと大きな誤解を生じかねない（第3章1-9）。

以上のように、国際規格における用語の定義や使われ方を知っておかないと、海外の鉄道ビジネスでは、大きな失敗につながりかねない。また、本章2-2で述べたように、用語を適切に使えないことで、専門家としての資質を疑われる恐れもないとは言えない。したがって、海外鉄道ビジネスに関わる上で、関連分野の国際規格の内容を知っておくことは重要である。

また、国際規格を読むことは、国際的に通用する用語や文章の英語表現を覚えることにつながるため、鉄道ビジネス英語を習得する上で非常に有益である。国際規格は、まさに生きた英語のリーディング教材として活用できるのである。

3-2　国際規格に適切な英語表現を盛り込む

　ある分野の世界の専門家が審議を行いながら国際規格を開発する活動のことを「標準化活動」という。標準化活動は、民間の団体や企業に所属する専門家が中心となって行われる点に特徴がある。当社からも多くの社員が、高度な技術的知見を活かしながら、さまざまな鉄道技術の分野での標準化活動に積極的に参画している。

　鉄道分野の標準化活動では、鉄道に関する特定の設備、装置、技術管理のプロセスなどについて、満たすべき技術的要件（要求事項：requirement）を英語の文章にまとめて規格案が作成され、その案に対して世界から集まった専門家が意見を述べ、修正を加えることで規格の内容が整理されていく。そのような審議の場が「国際規格審議」である。

　国際規格は法的遵守義務を伴わないが、あるプロジェクトを受注する場合、発注側が入札図書で国際規格に従うべきことを記載すれば、それに従わざるを得なくなる。つまり事実上の強制力が生じる。この際、従うべき国際規格に日本の技術標準にない方式が含まれる場合には、設計、製造などで日本方式からの変更に多大な負担を要し、コスト面の競争も損なわれ、競争上極めて不利になる。その結果、せっかくのビジネスチャンスを失ってしまうことにもなりかねない。こうした問題への根本的な対応として、国際規格の開発過程に加わり、日本に不利な仕様が技術的要件として記載されることを阻止したり、日本に有利な仕様が技術的要件として記載されるよう働きかけたりすることが、標準化活動では求められる。

　このような標準化活動の取組みには、日本と海外の技術標準やその考え方、またそれらの違いに関する技術的な知見が不可欠である。同時に、日本の望みが実現するような国際規格の内容を適切に英語で表現できることも、標準化活動に関わる専門家には求められる。そのためには、国際規格における英語表現に関する知識を身につけ、それを活用しながら、国際規格に日本に有利な表現が盛り込まれるよう、また、日本に不利な表現にならないよう、交渉できることが必要になる。

　たとえば、欧州では鉄道を幹線的な鉄道である "heavy rail"（ヘビーレール）と "urban rail"（都市鉄道）に分ける考え方があり、そのような区分が最新の欧州規格にも取り入れられている（第2章4）。しかし、このような区分は、幹線的な鉄道と都市鉄道の間に明確な区分がない日本の実態には合わない。これが欧州内の規格であるうちはともかく、

図 1-3　国際規格審議の様子

世界的に通用する国際規格に取り入れられてしまうと、日本に不利益をもたらす可能性がある。そのため、国際規格の開発過程で、このような区分を適用することが問題だと考えれば、なぜ問題なのかを理論武装し論を張らなければならない。そのためには、関連する欧州の規格の内容やその背景となる考え方を十分に理解する必要がある。

図1-4　オンラインでの国際規格審議に参加するJR東日本の社員　コロナ禍の下でも、オンラインでの国際会議により国際規格開発のための活動が続けられている。

　このように、国際規格の鉄道用語を知ることは海外鉄道ビジネスに関わる者にとっては重要だが、新しい国際規格を作る標準化活動の業務では特に重要なのである。

④　英語表現を選び、考え、工夫する

Point
① 正しい英語表現は一つではない。状況に応じ適切な表現を「選ぶ」。
② 適切な英語表現を「考え出す」。
③ 言語間の翻訳は原理的に不可能。できるだけ近い表現になるよう「工夫する」。

4-1　英語表現を選ぶ

　英和辞典・和英辞典にはインターネット版もある。Google 翻訳のようなツールもある。これらを使うと、簡単に日本語に対応する英語表現を見つけることができる。たちどころにPCの画面上に答えが表示される。それは必ず正しいと思ってしまうかもしれないが、実は常に正しいとはかぎらない。

　たとえば、「運転する」をGoogle 翻訳で調べると、"drive"が表示される。確かに「自動車を運転する」は"drive a car"でいいだろう。しかし、「機械を運転する」なら"operate a machine"ともいえる。日本語では同じ「運転する」でも、英語だと"drive"と"operate"の二つの表現が対応する。"drive"は乗り物を「運転する」場合に使うことが

多い。「列車を運転する」であれば、"drive a train" と "operate a train" のどちらでも
いい。このように、ある日本語の表現が必ずしも英語の表現に一対一に対応するわけでは
ない。

　鉄道用語も同じで、ある日本語の用語は英語では必ずこういうという唯一の答えがある
わけではない。たとえば、「列車ダイヤ」の「ダイヤ」という用語は英語の「ダイヤグラム：
diagram」を縮めたものだということは多くの方がご存じだろう。だが、「列車のダイヤ
が乱れている」と言うときには、"diagram"（グラフのこと）ではなく "timetable"（運
転計画のこと）を使う方がよい（第2章9）。「配線」という言葉は辞書で調べると "wiring"
が出てくるだろう。電気の「配線」ならそれでいい。だが、鉄道用語では線路の「配線」
もある。この「配線」は「線路の配置」のことなので、"track layout" と言わないとい
けない（第5章3-2(2)）。

　このように、一般的な用語でも鉄道用語でも、一つの日本語に対応する英語表現が複数
あり、その中から適切な表現を選ばなければならない。そのためには、候補となる英語表
現が何を意味するかをよく考え、本当にその表現が適切かどうか検討する必要がある。

　辞典や翻訳ツールで英語表現を調べることはできる。公益財団法人鉄道総合技術研究所
（以下「鉄道総研」）による鉄道用語に特化した辞典もすでに存在する。そのほかにも、鉄
道に関する英語表現を調べる方法はいろいろある。したがって、本書は、改めて鉄道用語
の英語表現リストを提供せず、鉄道に関係する用語をどのように「選ぶ」かに焦点を当て
る。既存の辞典などをどのように有効に活用すればいいかをテーマにしているといっても
いいだろう。

4-2　英語表現を考え出す

　本章4-1では、鉄道に関する英語表現を調べる方法はいろいろあると述べた。しかし、
調べても適当な英語表現が出てこないことはいくらでもある。

　たとえば、運転士や車掌が所属し、業務の拠点とする事務所は「運輸区」などと呼ばれ
る。「運輸区」などで、運転士や車掌が業務の開始時・終了時に点呼を受け、必要な注意
事項を伝達されたり報告を行ったりする部署を当社では「当直」という。この「当直」を
外国の鉄道事業者に英語でどう説明するか検討したことがある。和英辞典で「当直」に当
たる英語表現を調べると、"watch" や "duty" が出てくるが、これらでは意味が通じない。
考えた末に、"train crew management office" と表現することにした（第4章2-1）。

　新幹線と在来線の直通運転は「新在直通」と呼ばれている。この用語は、もちろん辞典
で調べても出てこない。Google 翻訳にかけると "new direct communication" となっ

たが、これではまるでわけがわからない。日本には新幹線を運行する事業者が5社あるが、「新在直通」を行っているのは当社だけだ。この用語は、当社以外に当事者がいないのだ。当社が英語表現を考え出す責任がある。結局、「新在直通」は、"through operation between the Shinkansen and conventional line sections"としたのだった（第4章2-2）。

図1-5　新幹線と在来線の直通運転（新在直通）
E3系（写真奥、山形新幹線）がE2系（写真手前、東北新幹線）から分割され、新幹線の区間から在来線の区間に直通する。

このように、業務に関する用語は、一般的な辞典では適切な英語表現が見つからないことが多い。特に、業界または会社の中では通用するがそれ以外では使われない用語ならなおさらだ。そういうときは、自分たちで英語表現を「考え出す」、つまり、考えて新しく作り出すしかない。

そして、英語表現を「考え出す」ときには、さまざまな創意工夫が求められる。日本語表現の字面（じづら）、つまり文字の表面的な意味にとらわれることなく、その意味は何なのか、辞典などで示された英語表現でその意味が正確に伝わるのかを検討しないといけない。たとえば、最初に例に挙げた「当直」を辞典で調べると"watch"が出てくるが、これは「見張り」の意味だ。この"watch"が「運輸区」にある「当直」という組織の業務を表すのにふさわしい言葉ではないことに気づかなければならない。では、「見張り」ではない「当直」の仕事はどう説明できるだろう、と考えなければならない。

より具体的な内容については、第4章2で紹介する。

4-3　英語表現を工夫する

日本語で意味することをそのまま同じ意味になるように英語で置き換えることは、とても難しい。言語間の語彙のずれ、文章構造の違いや言語の背景にある文化の違いから、ある言語を別の言語に翻訳をすることはそもそも原理的に不可能だという考え方もある。

たとえば、日本人が食前に「いただきます」と言う習慣は日本独特だ。「いただきます」に直接対応する言葉は他言語にはあまりないようである。したがって、外国人からは、「イタダキマスとはどういう意味か？」とよく聞かれる。英語できちんと説明することは骨が折れるが、パーティーでの「ネタ」になるので、心づもりしておくといいだろう。「ごちそうさま」、「いってきます」や「ただいま」も同様に英訳することは難しい。

　特に、だじゃれや言葉遊びの類は、違う言語に移し替えて伝えることは非常に難しい。ある海外の鉄道関係者との協議では、最後の合意文書の確認の際、「ここは過去形の "understood" に修正しましょう。」とこちらが提案した。先方は、"Understood...OK." と同意し、その後、声のトーンを変えてもう一度 "Understood!" と言い、ニヤリと笑った。二回目は「了解！」の意味だ。"Understood" で、「"Understood" ですね」と「了解！」をかけたわけだ。こういうだじゃれは、ビジネスの場で潤滑油として機能するが、翻訳は難しい。

　翻訳の難しさについて、当社の社内規程を英訳したときの事例をご紹介したい。外国向けの資料で「一旦停止する」をどう表現するかが問題になった。翻訳会社の案は "stop once" だったが、これは「一回停止する」と停止する回数を説明する意味になり、本来の意味が伝わらない。結局、「一旦停止する」は「一度停止し、進行する」ことだと考え、"stop and proceed" と表現することにした。

　別の事例では、「輸送指令員は、き電を停止する区間内が支障しないことを確かめたうえ、電力指令員に対してき電を停止する時機を通告すること」の「き電を停止する区間内が支障しない」をどう英語で表現するかが問題になった。翻訳会社は、この「支障しない」を "no obstacle" とする翻訳案を提案してきた。これでは線路上に障害物があることと誤解されそうだ。そこで、「支障しない」を "suitable for"（〜するのに適切な状況である）と表現することにした。（第5章1-4）。

　このように、英訳案はできたが、英語で表現されている意味をよくよく考えるとどうもしっくりしないということがよくある。そのようなときは、日本語表現の字面にとらわれず、伝えるべき内容はどういうことかをよく考え、文章を練らないといけない。

　「意訳」という言葉がある。一言一句にとらわれず、意味をくみ取った翻訳のことである。日本語の字面と英語表現の字面が一致しない翻訳とも言える。先述の「一旦停止する」や「支障しない」の例でも、日本語の字面と英語表現の字面は一致しなくなっている。しかし、それは徹底的に考察を深め意味をくみ取り、その表現を模索した結果だ。「意訳」は、複雑な説明をうまく英語に置き換えられないために安易に説明を省いて縮めることではない。もとの言語で表現されている意味内容をくみ取り、意味は変えずに理解しやすい形に補正し、意味を正確に伝えるように知恵を絞って「意訳」して訳すと、説明はやや長めになることが多い。そのような「意訳」なら、ビジネスの現場でも効果を発揮し、海外ビジネスを成功に導くだろう。

　より具体的な内容については、第5章1で紹介する。

⑤ 技術英語の基本－正確な情報伝達に必要な３要素－ 3Cs（Correct/Clear/Concise）－

> **Point**
> ① Correct：正確に書くこと
> ② Clear：明確に書くこと
> ③ Concise：簡潔に書くこと

「技術英語」とは、科学・技術分野の文書で使われる英語だ。鉄道ビジネス英語も、鉄道に関する技術的な内容がベースにあり技術英語としての側面があることから、技術英語の考え方やルールに従うことが望まれる。そこでここでは、「テクニカルライティング」とも言われる「技術英語を書くスキル」について、具体的な事例を挙げて解説する。

技術的な内容を伝える「技術英語」には、正確な情報伝達が求められる。そのために必要な３つの要素が３Cs（Correct/Clear/Concise）だ。技術英語は「正確に書くこと」、「明確に書くこと」、「簡潔に書くこと」の３つの要素が不可欠である。この３要素はそれぞれ英語では「正確に＝Correct」、「明確に＝Clear」、「簡潔に＝Concise」とすべてＣで始まることから、まとめて「３Cs」（３つのＣ）と呼ばれる。

文芸作品は人の感情に訴えかけ、感動を与える。読む人によって感じ方もさまざまだ。それに対して、技術文書においては、読み手がさまざまな解釈をしないよう、正確な情報を確実に伝達するための技術が必要になるのである。

以下では、３つのＣの考え方をそれぞれ説明する。

5-1 Correct：正確に書く－技術英語で最も重要な要素

技術英語では、読み手に正しい情報を過不足なく誤解を生じないように正確に伝えなければならない。技術文書が誤っていたら、製品品質が保てない可能性があるばかりか、場合によっては人体や人命に重大な影響を及ぼし、その結果取り返しのつかない大損害を引き起こしかねない。

(1) 正確さの落とし穴①：「〜以上」はどう表現するか

日本語と英語の間には言語の違いに起因するズレ、つまり「落とし穴」がある。

「1 時間あたり **20 本以上**の列車運行」は英語ではどのように表現すればいいだろうか。正解は以下のとおりだ。

　　<u>20</u>[4)] <u>or more</u> train services per hour

日本語の表現に近く、自然な表現と言える。

　また、「1 時間あたり少なくとも 20 本」と表現しても「20 本以上」の意味であることには変わりがないので、以下のように書くこともできる。

　　<u>at least 20</u> train services per hour

"at least 20" は 20 を含むので、日本語の「20 以上」と同じ範囲を指すことになる。

　もし、"more than 20 train services" と書くとどうなるだろうか。

　日本語の「20 以上」は「20」を含む。一方英語で "more than 20" とすると 20 を含まないことになるので、「**21 本以上**の列車運行」となってしまう。数量表現は技術文書につきものだが、日本語の「以上」と英語の "more than" の違いを正確に理解していなければ「落とし穴」にはまり、その結果正確な英語にはならない。

　「20 以上」を "more than" を使って書くとすれば、次のようになる。

　　<u>more than 19</u> train services per hour

　英語の "**more than 19**" で「19 を含まずそれより多い数」を表すので、「**20 本以上**」の意味になる。しかし、書く場合には引き算をしなければならず、読み手には計算の負担を生じる表現である。

　数量の表現はバリエーションが非常に多いが、特に正確性が要求される。

⑵　正確さの落とし穴②：カタカナ語

　現代の日本語はカタカナ語にあふれている。「インターネット」、「スマホ」など、枚挙に暇がない。外国語から入ってきてカタカナ表記のまま日本語となった「外国語風カタカナ日本語」は、英語で表現する際の「落とし穴」である。

　たとえば、日本語の「コンセント」、「クーラー」、「クレーム」に当たる英語は、"con-

---

4) 技術英語のルールでは、文章中の数はいくつかの例外を除いて 1 〜 9 はスペルアウト（"nine" などと表記）し、10 以上はアラビア数字（算用数字）を用いる。しかし算用数字で文章を始めてはいけないので、注意が必要である。
　　［×］<u>20</u> or more train services are available per hour.
　　［○］<u>Twenty</u> or more train services are available per hour.

sent"、"cooler"、"claim"ではない。以下に挙げた「カタカナ語」は、すべてその発音から想起される英単語とは異なるものを指している。

カタカナ語	発音から想起される英単語	左の英単語の意味	カタカナ語の意味を表す英語
コンセント	consent	同意	socket, outlet
クーラー	cooler	冷却器	air conditioner
クレーム	claim	法に基づく権利	complaint

　カタカナで表記された言葉は日本語として捉え、対応する英語を辞書や用語集を使って確認してから使わなければならない。「カタカナ語」は「和製英語」と疑ってかかるべし。面倒に思えても、辞書を引く手間はゆめゆめ省いてはならない。

5-2　Clear：明確に書く－具体的に書き、読み手を正しい理解へ導く

　明確に書くということは、どういうことだろう。以下に例文を挙げる。

The temperature in the cabin must be kept at a comfortable level.
（車室温度は快適な状態に保たなければならない）

　英文に文法的誤りはないが、この文は技術文書として不適当だ。なぜなら「快適な状態」は人によって感じ方が異なるので、「快適な温度」は複数あり得るからだ。では社内規定で「快適な車室内温度」を28度と具体的に定めて、それを英文に反映させてみよう。「快適な」という表現ではなく、数字などを用いて具体的に書くことは、明確さへの第一歩である。

The temperature in the cabin must be kept <u>at 28</u>.

　具体的な温度を書き加えたが、この文章はなお不明確だ。どの部分か不明確かお気づきだろうか。そう、"at 28"である。28は何を指しているのだろうか？　話の流れから温度であることはわかるが、その温度については複数の解釈が成り立ってしまうのである。よって、以下のどちらかのように書かなければならない。

The temperature in the cabin must be kept <u>at 28℃</u> .
The temperature in the cabin must be kept <u>at 28℉</u> .

　日常的に用いる温度単位には摂氏（℃）と華氏（℉）がある。日本では摂氏を用いるの

で、この文章を読んだ日本人は車室温度を28℃と理解する。しかし日常的に華氏を用いるアメリカ人が読めば、at 28" を28℉だと解釈する可能性がある。28℉は -2.2℃に相当し、人間にとって「快適」な温度とは言い難い。この温度単位の表記の不明確さは、人間が感じる快・不快に関する問題を引き起こしかねない。

　過去には、文書の不明確さによって大きな事故が起きている。1999年には、火星探査機が予期せぬ故障に見舞われ、火星に墜落する事故を起こして巨額の損失を生じた。メートルとヤードの二つの長さの単位の混在がその原因だった。また約20年前、国内のテーマパークでアトラクションの車軸が折れ、脱線する事故が起こっている。この事故も、メートルとインチの二つの単位に基づく図面の混在が原因であった[5]。

　これらの事故を振り返ると、たかが単位の混在などとは言えないだろう。ここでは数量単位を例として挙げたが、技術文書の明確さは技術文書の情報の正確さを支える重要な要素である。

5-3　Concise：簡潔に書く－短く書けば、わかりやすくなる

　技術英語は、簡潔で分かりやすいことが求められる。以下、短くわかりやすく簡潔に書くためのポイントを、ペアにした例文（そのうちのいくつかは "three or more ＝ 3つ以上" の例文）を挙げて説明していく。

　なお下記の各例文には語数を付記しておくので、参考にしてほしい。

⑴ "have" 動詞を使う

　まず、以下の例文をご覧いただきたい。

　　a. The number of cars in the trainset is two.（9語）
　　b. The trainset has two cars.（5語）

どちらも「編成は2両である」という意味である。では、例文aとbの二つを比較した場合どちらが理解しやすいだろうか。おそらくbの方が理解しやすいという意見の方が多いだろう。その理由は二つある。一つは、同じことを表現するのにaは9語、bは5語とほぼ半分の語数で表現しているその短さにある。もう一つは、bは文の主語 "trainset" とその述部である "two cars" がごく近くにあるため、主語と述部のつながりと流れをすばやく、かつ明確にはっきりと捉えることができるからである。

5）以下の記事を参照した（有料記事）。http://bizboard.nikkeibp.co.jp/kijiken/summary/20040408/NMC0595H_220258a.html

⑵ "have" 動詞を使う＋冗長語を削除する

もう一例、"have" を使った文章を見てみよう。

この車両の最大定員は 120 名である。
a. The maximum capacity of the car is 120 passengers.（9語）
b. The car has a capacity of 120 passengers.（8語）

　aとbの二つの例文を比べると、理解しやすいのはbの方だろう。理由は前述の通りだ。さらに "capacity" という言葉にはその語自身に「最大」の意味が含まれているので、"maximum capacity" という表現のうち "maximum" と "capacity" とで重複している「最大」の意味は、"maximum" を削除することによって重複が解消し、冗長さも解消する。その結果、文章が簡潔になり、同時に明確になっていることにお気づきだろう。

　前掲の例文と共通しているのは、"have/has" という動詞の使い方である。一見シンプル過ぎるように見える "have" 動詞を使うことで、かなりの技術文書を明確に書くことができる（第5章2-11でも解説）。この "have" 動詞の使い方は、技術英語の重要テクニックとしてぜひとも身につけたい。

　より明確な動詞を使った例文cを以下に挙げる。

c. The car seats up to 120 passengers.（7語）

　"seat" といえば「椅子・座席」と思う人が多いだろう。これは名詞 "seat" の意味だが、同時に "seat" は動詞として「建物・乗り物・食卓に○○人を座らせる／収容する」の用法もある。例文に見る動詞の使い方を通して、簡潔に英文を書くポイントをつかんでほしい。

⑶「動詞＋目的語」を動詞 1 語に置き換える

　短く書くためには、不要な語を省けばよい。冗長な語を削除するという至極シンプルな方法だが、意識しないと意外と難しい。

私は昨日あなたに返信をした。
a. I made a reply to you yesterday.（7語）
b. I replied to you yesterday.（5語）

　日本語では「返信をした」と表現されているので、なんとなく do や make などの動詞を使い、目的語を続けて a のように書きがちである。a の "made a reply" が日本語の「返信をした」に対応する部分である。日本語では「観察をする」、「(電子）メールを送

る」などのように、「する」、「なる」、「ある」というそれ自身が具体的な意味を持たない動詞に、実際の行為を示す名詞を組み合わせて表現することが多い。

「する」などの日本語に対応する do や make などは具体的に何をするのか不明な動詞であり、意味が明確ではない。だからこそ "a reply" といった実際の行為を表す目的語なくしては意味が表わせないのだ。その結果、語数が増え、冗長となる。

英語にはそれ自身1語で重要な意味を表わす力強い動詞が多い。その一例が b の "reply" であり、この動詞1語で「返信をする」という行為を十分書き表せる。動詞 "reply" 1語で表すと「返信する」という意味がはっきり際立ち、文章の意味が明確に感じられる。さらに a では "make a reply" と3語必要だった表現も、"reply" 1語で書けば語数が減る。

先述の日本語表現に関して、冗長な英語表現と動詞1語の簡潔な英語表現を以下に示す。

日本語	冗長な表現	動詞1語の簡潔な表現
観察をする	do/make an observation of	observe
電話をかける	make a telephone call	call/ring/telephone
（電子）メールを送る	send a mail/send an e-mail	mail/e-mail
～に番号をつける	put a number to ～	number ～
～の分析を行う	perform an analysis of ～	analyze ～
～の位置を特定する	identify the position of ～	locate ～
～の準備をする	make preparation of ～	prepare ～

⑷ 冗長性を解消する

冗長な表現は動詞だけに限らない。以下では技術英語でよく目にする冗長表現を、簡潔な表現に書き改めたものとともに列挙する。

日本語	冗長な表現	簡潔な表現
ブレーキ装置	braking equipment	brake
表示装置	display device	display
監視機器	monitoring machine	monitor
～の観点から	in terms/light of ～	as/about ～
～をするために	in order to ～	to ～
電圧に変更が生じた場合	If change in voltage occurs...	If voltage changes...

(5) 能動態を使う

　技術について述べる文章は、「もの」に関する記述が中心になる。したがって、技術英語でも「もの」を主語とした受動態が多くなりがちだ。また日本語では主語を省くことが多く、英語を書くときに主語となるような言葉が見当たらないことも多々ある。そんな日本語文章を英語にする場合には、受動態を使えばとりあえず英語にはできる。

　したがって、日本人の書く技術英語には受動態が多くみられる。しかし受動態はあくまで「受身」である。受動態の表現は能動態を使った表現に比べるとインパクトに欠け、弱い印象を与えるのである。以下の例文ペアで比較してみよう。

**　図 X は試験の結果を表している。**

　a.（受動態）The test result is shown in Fig. X.（8語）

　b.（能動態）Fig. X shows the test result.（6語）

　例文ペアは同じ事実を受動態と能動態で表現しているが、"… is shown in Fig. X" という受動態よりも、"Fig. X shows …" と能動態で表現した方が、力強く感じないだろうか。もちろん「試験の結果」を強調したい意図があれば、受動態を使う意義はある。受動態を使ってはいけないというわけではないが、特段の意図がないのであれば、能動態を使って力強く簡潔に書くことを意識していきたい。

　もう一つ例を挙げるので、考えてみてほしい。

**　X 節には「…」と記載されている。**

日本語では「記載されている」と表現されているので、そこから

　a.（受動態）In Section X, it is written that …（7語）

という受動態表現を考えた人もいるのではないだろうか。「記載されていた」引用部分「…」が長いため、例文は仮主語 "it" を用いた "it is that 〜" 構文も使っている。しかし、Section X" を主語とし、そして動詞を「記載する＝ "describe"」という能動態で表現すれば、以下のように短く、力強く、簡潔に表現することができる。"it is that 〜" 構文も不要である。

　b.（能動態）Section X describes that …（4語）

⑹ "there is/are ～" を使わずに簡潔に

次の日本語を英語にする場合、どのような英文を考えるだろうか。

この文書には文法的に誤りがある。

日本語では「～がある」と表現されているので、日本語を母語とする人は以下のように書くことが多い。

 a. There is a grammatical error in this document.（8語）

しかし、この "there is/are ～" は曲者だ。"there is/are" 構文では、伝えるべき新情報は" ～ "以下に述べられる。"there is/are ～" 自身は特段の意味を持たない単なるサイン、つまり弱く、冗長な表現である。

ではどうしたら力強く簡潔に表現することができるのか。それは前述の通り "have" 動詞を使うとよい。以下は "have" 動詞を使った表現である。

 b. This document has a grammatical error.（6語）

日本語と英語の発想には、日本語では「～がいる／ある」と表現するものを、英語では「～を有する」と "have" 動詞を使って表現するという違いがある。たとえば日本語では「私には兄弟がいる」と表現するところ、英語では "I have a brother/（2以上の数字）brothers." と表現する。

以下は "have" 動詞以外の動詞を使った例文である。

大雨によりその列車は遅れるおそれがある。
 a. There is a risk for the train to delay due to heavy rainfall.（13語）
 b. The train may be delayed due to heavy rainfall.（9語）

「おそれがある」という表現から "risk" という言葉を使いたくなる人もいるだろう。しかし直接的な "risk" という言葉を使わなくても、may や can という助動詞を使えば「存在する可能性」を十分表現できる（第5章2-12でも解説）。

本章5-1から5-3までで述べてきた技術英語の考え方（3Cs）を取り入れることで、技術的な文書の表現がより理解されやすくなり、海外ビジネス推進に大きな効果を発揮するはずだ。鉄道ビジネス英語への取組みの中で、できるところから実践していただければと思う。本書も、一部の注でも示したとおり、望ましい英語の文章表現を示す中で技術英

語の考え方の実践に努めている。

　技術英語の考え方については、「こんなことは習っていない！」と思われる方もいるかもしれない。しかし私たちは学校で一般的な英語を勉強してきた。技術英語の方法論は、学校で学んだ英語の土台の上に 3Cs の考え方を据え付けることで実務上実践できるはずだ。

　技術英語について分かりやすく解説した書籍として、『技術系英文ライティング教本：基本・英文法・応用』（中山裕木子、2009 年、日本工業英語協会）や『これなら通じる技術英語ライティングの基本』（平野信輔、2017 年、日本能率協会マネジメントセンター）を挙げる。ご関心がある方は参照されたい。

第2章
基本的な鉄道用語

　「線路」、「車両」、「運転士」、「電気」といった基本的な鉄道の用語は、鉄道ビジネスに関わる文書や会話の中で頻繁に使われる。しかし、これらの用語をどう英語で表現するかは、実はまったく簡単ではない。「鉄道」の区分もさまざまな問題をはらんでいる。

 「鉄道」は英語でなんというか？

> **Point**
> ① 「鉄道」は、イギリス式英語では "railway"、
> 　　　　　　　　　アメリカ式英語では "railroad"。
> ② 世界レベルではイギリス式英語の "railway" が広く通用する。
> ③ 国際社会では鉄道英語はイギリス式が基本。

　「鉄道」を表す英語表現には "railway" と "railroad" がある。"railway" がイギリス式英語、"railroad" がアメリカ式英語だ。イギリスやコモンウェルス諸国（旧イギリス植民地諸国）では "railway"、アメリカでは "railroad" が使われる（コラム１）。

　たとえば、コモンウェルスの一員であるインドの国鉄は "Indian Railways" で、同社の規程類での表現も "railway" に統一されている。インドとの協力プロジェクトでは、文書で "railroad" を使って書いたら、相手は全部 "railway" に書き直してしまうかもしれない。

　では、世界規模の国際会議など、不特定多数の国々の関係者が参加する場面では、"railway" と "railroad" のどちらを使うのがいいのだろう？

　答えは "railway" だ。専門用語の英語表現には、国際規格での表現が広く用いられる。鉄道に関する国際規格は ISO（国際標準化機構）等により定められているが、国際規格では「鉄道」は "railway" という表現で統一されている。鉄道分野に限らず国際規格を作成する活動の多くは欧州中心で進められてきた経緯があり、国際規格に用いられる用語

図 2-1　JR 東日本の英語名称も "railroad" ではなく "railway" を使っている。
E4 系新幹線（愛称「Max」）と車体のロゴから。

はイギリス式英語が優位になったと考えられる。このこともあって、鉄道分野でも英語表現はイギリス式英語が広く世界的に通用する。たとえば、世界の鉄道事業者によって組織される団体「国際鉄道連合（UIC）」は、フランス語の団体名（Union Internationale des Chemins de Fer）を名乗っているが、英語名称は "International Union of Railways" である。

　日本国内の鉄道会社の英語名称も、"railway" を使っているものが多い。当社の英語名称も "East Japan Railway Company" である。

　なお、鉄道英語では、"railway" と "railroad" 以外にもイギリス式英語とアメリカ式英語で表現が異なるものが多い。これについては第 3 章 2 - 1 で改めて紹介する。

【コラム 1：線路は続くよどこまでも】

　「線路は続くよどこまでも」という有名な歌がある。もとはアメリカ民謡だ。原題は "I've Been Working on the Railroad" という。タイトルから分かるように、日本語歌詞にあるような楽しい旅の歌ではなく、過酷な鉄道建設労働の歌だった。アメリカの歌なので、タイトルには、"railway" ではなくアメリカ式英語の "railroad" が使われている。

アメリカの廃線路

さまざまな構造の鉄道

Point

① 軌道（路面電車）：（イギリス式英語）tram、tramway

　　　　　　　　　　（アメリカ式英語）streetcar

　※中量輸送対応の軌道系交通機関：LRT（light rail transit）

（日本では、「さまざまな新機軸を取り入れた路面電車」の意味で使われる。）

② モノレール：monorail

　※懸垂式モノレール：suspension monorail

　　跨座式モノレール：straddle-type monorail

③ 新交通システム：AGT（automated guideway transit）

④ トロリーバス：trolley bus　（アメリカ式英語）trackless trolley

⑤ ケーブルカー：cable car または cable railway

⑥ 磁気浮上式鉄道：magnetically levitated transportation system

　（maglev）

　以下では、鉄道の種類ごとの英語表現をみていこう。

　まず、さまざまな構造の鉄道をとりあげてみよう。一般的な鉄道（普通鉄道）とは異なる構造を持つ鉄道として、①軌道、②モノレール、③新交通システム、④トロリーバス、⑤ケーブルカー、⑥磁気浮上式鉄道をとりあげよう。

　まずは「軌道」からだ。ここでいう「軌道」は、線路施設を構成する「軌道」、つまりレール、まくらぎ等から構成される施設としての「軌道」のことではなく、いわゆる「路面電車」のことだ。英語表現は、イギリス式英語では"tram"または"tramway"、アメリカ式英語では"streetcar"という。なお、中規模の輸送量に対応する都市内の軌道系交通機関を一般に"LRT（Light Rail Transit）"という。ただし、"LRT"の統一的な定義はない。日本では、"LRT"は車両の低床化、連接車による長編成化、一部区間の専用軌道化など新機軸を取り入れた路面電車として理解されている。

　「モノレール」はそのまま"monorail"で大丈夫だ。モノレールには懸垂式と跨座式がある。「懸垂式モノレール」は"suspension monorail"、「跨座式モノレール」は"straddle-type monorail"などとなる（これら以外の表現も使われる）。

①軌道（tram など）	②モノレール（monorail）

③新交通システム（AGT）	④トロリーバス（trolley bus など）

⑤ケーブルカー（cable car など）	⑥磁気浮上式鉄道（maglev）

図 2-2　さまざまな構造の鉄道

図 2-3　LRT の超低床・連接車両（左）と専用軌道を走行する LRT（右）

　「新交通システム」は、東京の「ゆりかもめ」、埼玉の「ニューシャトル」のようにゴムタイヤでコンクリート製の走行路を走る中量軌道システムの呼称である。この意味での「新交通システム」は、英語では "AGT（automated guideway transit）" といい "new transport system" ではない。ただし、ガイドウェイバス（日本では名古屋にみられるのみ）などさまざまなタイプのものを含め広い意味で「新交通システム」という場合は、"new transport system" または "new transit system" となる。

　「トロリーバス」は、現在、国内では黒部アルペンルートの一部でしか見られなくなった。車体の見た目はバスそっくりだが、れっきとした鉄道事業法上の鉄道だ。日本語では「無軌条電車」という。英語ではそのまま "trolley bus" でいい。アメリカ式英語では "trackless trolley" ともいう。これは日本語の「無軌条電車」に近い表現だ。

　「ケーブルカー」は、鉄のレールによる急こう配の軌道上をケーブルでけん引された車両が上下するもので、日本語では「鋼索鉄道」という。英語では "cable car" または "cable railway" という。ただし、英語の "cable car" または "cable railway" は、日本でいう「ロープウェイ」のことも含む表現だ。

　「磁気浮上式鉄道」は、"magnetically levitated transportation system" という。縮めて「maglev（マグレブ）」ということが多い。"levitate" は、なじみがない表現かもしれないが、「（超能力で）空中に浮遊する／させる」という意味で使われる表現である。

 ## 地下鉄などの都市鉄道

　Point
　① 地下鉄：（イギリス式英語）underground, tube
　　　　　　　（アメリカ式英語）subway
　② 地下鉄を含む都市鉄道の名称として、metro, MRT（mass rapid transit）などが使われる。

　次は、さまざまな都市鉄道の名称をとりあげる。

　「地下鉄」の統一的な定義はないが、一般的には、都市部で導入され、路線の多くの部分が地下構造である大量輸送旅客鉄道をいう。英語では、日本人には "subway" がよく知られていると思うが、これはアメリカ式英語である。イギリス式英語では、"subway"

図2-4　アメリカ（左）とイギリス（右）の地下鉄の入口

は「横断地下道」の意味になる。イギリスでは地下鉄は"underground"というが、特にロンドンの地下鉄は"tube"ともいう（コラム2）。

　パリの地下鉄が"metro"と呼ばれることは有名だが、今や世界各地の地下鉄を含む都市鉄道の多くが"metro"という名称を使用している。アメリカでもワシントンの都市鉄道などは"metro"と呼ばれている。"MRT"（mass rapid transit／大量輸送高速鉄道）も、新興国などで新たに整備される都市鉄道の名称として使われるようになっている。

　変わったところでは、アメリカ・シカゴの都市鉄道は"L"という愛称で親しまれている。これは、大半の区間が高架鉄道（elevated railroad／口語で"el"）であることに由来する。

　"subway"は語源的には地下構造によるものを指すが、周辺部や郊外では地上に線路が敷設されることも多い。"metro"や"MRT"も地下区間と地上区間の両方を有することが一般的だ。これらの都市鉄道の呼び分けは技術上の区分ではなく、単なる呼称の違いだ。

図2-5　シカゴの都市鉄道（"L"）

【コラム2：地下鉄はどこ？】

　生まれて初めて訪れたロンドン。地下鉄の駅を探して歩道を進んでいくと「SUBWAY」と書かれた立派な看板が目に入った。「ここが地下鉄の駅か」と地下に降りていく階段をたどると、その先は地下道。「この先に出札や改札があるのだろう」と思いながら先へ進んだが、行けども、行けども地下鉄の駅らしいものがない。やがて地下道は、上りの階段になるではないか。「まさか、ここを上ったところに駅が？」と思いながらも階段を上っていくと、やがて地上に出た。あたりを見回しても地下鉄の駅らしいものはない。単に、車道の下を通って道の反対側に出ただけである。そこで、やっと思い出した。英国では地下鉄のことをsubwayとは言わないことを。「SUBWAY」の看板は横断地下道の入口のものだったのだ。

④ 欧州規格での鉄道の分類

> **Point**
> ① 最新の欧州規格は、鉄道を幹線的な鉄道（ヘビーレール）と都市鉄道に分類する。
> ② 海外で議論する場合は、「ヘビーレール」と「都市鉄道」のような分類が前提にされることがあるので注意。
> ③ 日本の不利益にならないような国際規格づくりが必要。

　海外鉄道ビジネスでは、鉄道の専門家の間で世界的に広く通用している英語表現を使うことが必要になる。そして、世界的に通用する英語表現は、国際規格で用いられるものが基本とされることが多い。したがって、国際規格で用いられる英語表現やその意味を理解しておくことは重要だ。

　そこでここでは、欧州で作成された最新の規格を読み解き、欧州での鉄道の機能別の分類についてまとめておく。注目するのは、EN 17343 という規格である（次頁の「上級編コラム1」を参照）。

　EN 17343 という規格は、2020 年 12 月に発行されたばかりの新しい規格で、鉄道関係用語とその定義を定めている。この規格は、鉄道の分類と定義も明らかにしており、鉄道の機能に注目した分類が示されている。具体的には、地域間の輸送、国際輸送などを担う鉄道は "heavy rail system"、都市内・近郊の輸送などを担う鉄道は "urban rail system" と呼び分類している。"urban rail system" は「都市鉄道システム」と訳せるが、"heavy rail system" は訳しにくい。都市鉄道に対し幹線的な鉄道を「ヘビーレール」とする分類が示されているということで理解いただきたい。ちなみに、軌道関係の用語で「重量の大きいレール」を意味する「重軌条」も "heavy rail" というが、本論の「ヘビー

図2-6　E4系新幹線、愛称「Max」（2021年11月営業運転終了）　東京圏への通勤・通学輸送のためオール2階建てである。日本では幹線的な鉄道と都市鉄道の間に明確な区分がない。

レール」はこれとは別のものだ。

　しかし日本では、たとえば東北本線が東京圏では都市鉄道として機能するなど、幹線的な鉄道と都市鉄道との間に明確な区分はない。両者の間に技術標準上の区分もない。さらに言えば、新幹線も通勤・通学に利用されているのだ。したがって、鉄道を"heavy"と"urban"に区分する分類の考え方は、日本の鉄道の実態には合わない面がある。

　日本には日本独自の発展過程や技術体系があるのだから、日本の鉄道を外国の鉄道関係者に説明する場合に、必ずしも欧州の鉄道の分類や用語法に従う必要はないだろう。ただし、世界の鉄道関係者たちの議論に加わるときは、上記のような日本と異なる鉄道の分類や定義が前提とされることがあるので注意すべきだ。

　また、世界的に通用する国際規格が検討される際、欧州規格をもとに国際規格の案が検討されたり、国際規格の中で欧州規格が参照されたりする（国際規格の内容の一部が欧州規格に準拠する）ことはありうる。欧州の鉄道の分類が前提とされて日本の実態に合わない国際規格ができ、日本が不利益を被らないようにすべきだ。当社の社員も含め、日本を代表して国際規格の検討作業に参画する標準化担当者の重要な任務である。

　以下の「上級編コラム1」では、前頁で触れた EN 17343 について詳しく解説する。

【上級編コラム1：EN 17343 における鉄道の分類と定義】

1　EN 17343 の発行に至る経緯

　欧州においては、欧州域内での国境を越えた鉄道の運行を安全かつ円滑に行うための法令として「インターオペラビリティ指令（欧州指令（EU Directive）2016/797）」が制定され、これに基づいて欧州の鉄道の共通技術基準である「相互運用性のための技術仕様書（the Technical Specifications for Interoperability: TSIs、日本では「TSI」で通っている）」が定められている。

　この欧州指令を踏まえ、鉄道関係用語とその定義に関する欧州規格 EN 17343 が 2020 年 12 月に発行された。同規格では、国境を越えて運行する鉄道等を都市鉄道等と区分する上記の欧州指令の考え方を反映した鉄道の分類と定義が示されている。同規格は、鉄道関係用語について規定した最新の欧州規格であり、同規格での鉄道の分類と定義は今後 ISO などの国際規格に取り入れられる可能性がある。

　なお、EN 17343 のもとになった欧州指令での鉄道の分類ごとの定義は明確ではない。さらに、EN 17343 での鉄道の分類と定義は、欧州指令のそれとは異なる部分もあり、また、既存の鉄道に関する欧州規格のそれとは必ずしも整合していない。

2　EN 17343 における鉄道の分類と定義

EN 17343 における鉄道の分類と定義は以下のとおりである。

分類	定義（概要）	備考
conventional rail system	設計速度や軌間にかかわらず、鉄の車輪・レールを用いる鉄道システム。	定義上、高速鉄道を含む。"traditional rail system" または "classic rail system" ともいう。
unconventional rail system	鉄の車輪・レールを用いない鉄道システム。	磁気浮上式鉄道、モノレール、ゴムタイヤ式鉄道等を含む。
heavy rail system	地域内・地域間および／または国際間の輸送（intra-and inter-regional and/or international transportation）のための conventional rail system。	一般には、標準軌又は広軌で、軸重 17 t 以上。用途は旅客輸送及び貨物輸送。
urban rail system	地域的、都市部及び近郊の輸送（local, urban and suburban transportation）のための鉄道システム。	用途は旅客輸送。
metro system	urban rail system であって、運行管理システムを用い、道路交通・他の鉄道システムから分離されたもの。	軸重 17 t 未満。
tram system	urban rail system であって、インフラは道路交通と分離または共用。道路交通から分離された区間を有するものを "light rail system"（LRT）と呼ぶことがある。	軸重 13 t 未満。

図示すると、以下のとおりである。

① 構造による分類
    ┌ conventional rail system
    └ unconventional rail system

② 機能による分類
    ┌ heavy rail system（注 1）
    └ urban rail system
        ……その一部　┌ metro system
                └ tram system ……その一部　light rail system（LRT）（注 2）

（注 1）「重軌条（重量の大きいレール）」を指す "heavy rail" とは別の用法である。
（注 2）「heavy rail system 以外のもの」は urban rail system であり、light rail system ではないことに注意。

新幹線と在来線

Point
① 日本では「在来線」は "conventional line"。
② 世界では、鉄の車輪・レールを用いる「従来型」の鉄道が "conventional railway"。
③ 外国からのお客さまに JR の「在来線」をご案内する場合は、「JR lines」でよい。（コラム 3）

　日本では、「在来線」、つまり新幹線以外の JR の鉄道路線は、英語で "conventional line" と表現することが定着している。

　英語の "conventional" には、「伝統的な・慣習的な」のほか「通常の・従来型の」という意味がある。新幹線という新しいシステムに対する従来型の鉄道である「在来線」を "conventional line" で表現するわけだ。軍事用語では、核兵器以外の兵器を "conventional weapons"（通常兵器）と呼ぶ。核兵器という新しいシステムとの対比で従来型のものという意味だ。

　しかし海外では、磁気浮上式鉄道のような新しい鉄道システムを "unconventional railway"（非従来型の鉄道）と呼ぶ考え方があり、これに対する "conventional railway"（従来型の鉄道）に新幹線のような高速鉄道も分類される。高速鉄道といえども鉄輪を用い、鉄輪とレールとの粘着力を利用して進む点では、その他の鉄道と変わらないのだ。

　本章 4 で紹介した最新の欧州規格 EN 17343 でも、構造・技術面からの分類として、鉄道を "conventional rail system" と "unconventional rail system" に区分している。「従来型の鉄道システム」と「非従来型の鉄道システム」である。定義は明快で、「従来型」は鉄の車輪・レールを用いるもの、「非従来型」は鉄の車輪・レールを用いないものだ。「非従来型」には磁気浮上式鉄道のほか、モノレール、新交通システム等も含まれる。日本では「在来線」を "conventional line" と呼ぶが、EN 17343 の定義によれば新幹線も "conventional rail system" だ。

　とはいえ、日本では、新幹線は在来線と完全に分離された専用軌道（dedicated line または dedicated track）を用い、また、標準軌を採用しており在来線とは規格も別だ。

欧州で、高速鉄道が既存線を使って都心部の駅に乗り入れるなど、既存線と完全に分離されていないシステムであるのとは状況が異なる。

　外国の鉄道関係者に説明する場合には、新幹線が在来線とは別の新規のシステムとして発展してきた経緯を理解してもらった上で、日本の実情に合った英語表現として在来線を"conventional line"と呼んでもいいのではないか。実際に、外国の鉄道関係者に"the Shinkansen & conventional line"という説明をして混乱が生じたことはないように思われる。

　欧州で「高速鉄道以外の鉄道」を何と呼ぶかについては、以下の「上級編コラム2」をご覧いただきたい。

【上級編コラム2：欧州では「高速鉄道以外の鉄道」を何と呼ぶか？】

　日本では「新幹線以外の鉄道（JR線）」を指す「在来線」は"conventional line"と表現すればよい。では欧州では、「高速鉄道以外の鉄道」はどのように表現されるのだろうか。

　インターオペラビリティ指令では、「高速鉄道（high speed rail）」以外の鉄道は"conventional rail system"、その路線は"conventional line"と表現されている。ただし、すでに述べたように、欧州規格 EN 17343 では、これと異なる整理（conventional ＝鉄の車輪・レールを用いる）がされている。

　UIC（国際鉄道連合）では、「高速鉄道」に対する「在来線」や「在来型の鉄道」を"conventional line"とか"classical rail"と呼んでいる（注）。これらも EN 17343 の整理とは異なる。"traditional rail"という表現も使われるが、これも同様だ。

　（注）UIC のパンフレット"High Speed Rail"
　　　　（https://uic.org/spip.php?action=telecharger&arg=2685）参照。以下も同様。

　EN 17343 には、「高速鉄道」と「それ以外の鉄道」という分類や定義はない。

　まとめると、欧州では「高速鉄道以外の鉄道」を指す統一的な表現はない。"conventional"、"classic(al)"、"traditional"といったさまざまな表現が使われる可能性がある。日本風に"conventional line"というのも間違いではない。しかし、EN 17343 の考え方を根拠に「その表現はおかしい」と指摘されるかもしれない。状況によってその都度適切な表現を選んで使うしかなさそうだ。

　なお、当社の路線で外国からのお客さまに英語でどのように案内すればよいかについては、少し事情が異なる。社内や駅でのご案内では、「在来線」は"JR Lines"と表現するとよいと考えられる。詳細については、コラム3をご覧いただきたい。

【コラム3：外国からのお客さまに「在来線」をご案内する】

　日本語を理解せず、日本の鉄道を詳しく知らない外国人に、"conventional line" と聞いて何を思い起こすか聞いてみた。

　日本在住歴がまだ浅い非鉄道業界人で英語話者の外国人は、「"conventional line" と聞くと街と街、都市と都市を結ぶ『普通の』鉄道を思い浮かべる」とのこと。「新幹線は "conventional line" かどうか」と重ねて聞いてみたところ、「詳しくは知らないが "conventional" の一種と思う」との答えだった。つまり "conventional line" は鉄道業界内では在来線を意味しても、業界外ではそう理解されない可能性があるということだ。

　日本で生まれ育った人なら、鉄道業界人でなくても在来線が新幹線以外の JR の路線を指すと知っている。しかしそうではない人に "conventional" という言葉を使ったとしても、意図するものが正確に伝わるとは限らない。

　在来線の訳語として JR lines other than the Shinkansen は正確だが若干長い。local train では各駅停車と理解され、速達列車が除外される可能性がある。

　当社は「在来線のりかえ」を JR Lines Transfer としている（写真参照）。つまり「在来線」は "JR Lines" だ。この表示を必要とする人の理解に寄り添う適訳だと思う。適訳はコミュニケーションをとる相手との共有文脈次第で決まるのである。

高崎駅の新幹線からの「在来線のりかえ」の案内表示

⑥ 「線路」、「線（路線）」など

Point

① 「軌道」：track

② 「線（路線）」：line　※ track、line の両方使える場合もあり。

③ 「区間」：section

④ 「線路」：permanent way

　　※ 「列車等の通路全体」と「道床を含む軌道の施設（＝ track）」の両方
　　　の用法あり。

⑤ 「路線」（限定的）、「線路用地」：corridor

⑥ 「線路用地」：（アメリカ式英語）right of way

⑦ 「電車線路」（軌道の意味の「線路」とは関係ない）：overhead contact
　　line system

「線路」に関連する用語も、英語ではさまざまな表現がある。

車両がその上を走行する施設、つまり「軌道」の意味であれば、"track" が通常の表現だろう。鉄道の線路に関する用語について規定する JIS（日本産業規格）E 1001:2001 では、「軌道」は、「施工基面上の道床（スラブを含む）、軌きょう[1] 及び直接これらに付帯する施設」と定義され、「対応英語（参考）」として "track" を充てている。このような「軌道」の施設を意味する「線路」であれば、"track" をあてればよいだろう。「線路内に立ち入る」は、"enter the track area" などと表現できる。「保線（＝軌道保守）」は "track maintenance" である。

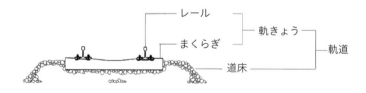

図 2-7　「軌道」の図解

1）「軌きょう（軌框）」とは、「レールとまくらぎとを、はしご状に組み立てたもの」のことである。（JIS
　　E 1001:2001 による。）

「山手線」、「高崎線」などの「線（路線）」には、"line"を使い、"the Yamanote Line"などと言えばよい。「本線」は"main line"、「支線」は"branch line"でいいだろう。「路線」の一部の「区間」であれば"section"を使えばよい。「電化区間」は"electrified section"でよい。

"track"も"line"もどちらも使える用語もある。「単線」は"single track"も"single line"も正しいし、「複線」は"double track"も"double line"もどちらも正しい。「単線区間」は"single track section"または"single line section"となる。日本の「上り線」、「下り線」も、それぞれ、"up track"と"up line"、"down track"と"down line"のどちらでも表現できるようだ。なお、「上り」を"inbound"、「下り」を"outbound"で表現することも可能だろう。ただし、どこが「上り」・「下り」の基準なのかが明確であることが前提である。また、中心都市を基準とした「上り」・「下り」という概念が必ずしも広く世界的に通用するとは限らないので、使う際に定義なり説明なりすることは必要だろう。

"track"と"line"の使い分けの考え方については、"track"だと現場の軌道の施設がイメージされるし、"line"だと路線図や時刻表上の路線が想像されるように思う。しかし、用語が使用される個別具体的な状況によって判断が必要になるし、人によって、あるいは国や地域によってそれぞれ受け止め方が異なるかもしれない。

「線路」には、"permanent way"という表現もある[2]。前述のJIS E 1001:2001では、「線路」を「列車又は車両を走らせるための通路であって、軌道及びこれを支持するために必要な路盤、構造物を包含する地帯（特に紛らわしいときには、鉄道線路とする。）」と定義し、「対応英語（参考）」として"permanent way"を充てている。この定義によれば、

「線路」はトンネルや橋梁などの構造物も含む「列車等の通路全体」のことになる。実際に、インドでは、「築堤や橋梁を含む線路（permanent way）」などと表現されるように、"permanent way"を「列車等の通路全体」の意味で使うようである。しかし、このような"permanent way"の概念は、世界的にどこでも通用するものではないようで、「道床を含む軌道の施設」の意味で、つまり、

図2-8　保線作業（track maintenance）
　バラストのつき固めを行っているところ。

2）鉄道の歴史の初期においては、仮設の線路を敷設して資材などを運搬しており、これに対する完成した恒久的な線路施設を"permanent way"と呼んだことから、"permanent way"が「線路」のことを指すようになったといわれる。

"track" と同義で "permanent way" を使用している例も多い。

　用例は限定されるが、「路線」を意味する表現で "corridor" というのもある。本来は「廊下」や「細長い通路」を表す言葉である。寝台列車の車内の通路も "corridor" だ。「路線」の意味で使われる有名なものは、アメリカ東海岸のワシントンからニューヨークを経てボストンに至る鉄道路線 "the Northeast Corridor" で、日本語では「北東回廊」という。日本の支援により整備が進められているインドの「貨物専用鉄道」は "the Dedicated Freight Corridor (DFC)"[3] と呼ばれる。この "corridor" を、軌道の外側まで一定の幅で設定され、建築・立ち入り制限がかけられる「線路用地」の意味で使う場合もある。

　アメリカ式英語で「線路用地」のことを "right of way" と呼ぶ表現もある。鉄道用語ではない一般的な英語では「通行権」の意味なので、和訳する際に注意が必要だ。

　余談だが、「電車線路」を "train line" と間違って英訳しているのを見たことがある。「電車線路」は、電気鉄道において、電気車に動力を供給するため線路に沿って設けられた電車線（電線のこと）で、その支持物（電柱など）その他の附属設備を含む設備である。（公益財団法人鉄道総合技術研究所『鉄道技術用語辞典第3版』を参照。）「軌道」の意味の「線路」とは関係はない。「電車線」そのものは "contact line" と言えるが、付属設備を含む設備全体としての「電車線路」は、"overhead contact line system" などと表現することができる。これは車両の上方に電車線を設置する方式の「架空電車線路」（一般にいう「架線」）を前提とした表現である。縮めて "OCS" と呼ばれることもある。

「車両」、「列車」、「電車」など

> **Point**
> ①「車両」：(a) rolling stock（集合名詞の扱い。）
> 　　　　　　(b) car、vehicle（個別の車両。car か vehicle かは状況により
> 　　　　　　　　　判断。）
> ②「編成」：trainset
> ③「列車」：train

3) "dedicated"（専用の）はあまりなじみがないかもしれないが、鉄道英語ではときどきお目にかかる。在来線と完全に分離された高速鉄道用の「専用軌道」は "dedicated line" または "dedicated track" という。

④「電車」：(a) EMU (electric multiple unit)
　　　　　　(b) electric car（electric railcar と書かなくてもよい。）
　※(a)がより広く使われる。気動車は DMU (diesel multiple unit)。

①「車両」：(a) rolling stock、(b) car、vehicle

　「車両」は日本語では「車両」でしかないが、英語では、辞書ですぐ見つかる "car" や "vehicle" のほかに、"rolling stock" という表現がある。海外でお世話になった現地人のプロの通訳者から、「最初に "rolling stock" と聞いた時、何が転がるんだろうと思った」といわれたことがある。この通訳者は、英語話者であり、当社の仕事に関わる中で鉄道用語の英語表現に習熟したが、最初のうちは「車両」という最も基本的な用語も理解できなかったわけだ。

　"rolling stock" は、一般の人はあまり使わないが、世界の鉄道業界ではごく普通に使われる表現だ。機関車、客車、貨車、電車など「車両」は何でも "rolling stock" で表される。「車両基地」は "rolling stock depot" というのが一番簡単だ。単に "depot" で「車両基地」を表すこともできるが、「乗務員の基地」（当社の呼称では「運輸区」など）を "train crew depot" ということもあるので、これと明確に区別するためには "rolling stock depot" という方がいい。

　"rolling stock" は「車両群全体」を指し、集合名詞として使われる。英語の集合名詞には、"family"、"people" などがあり、これらは複数形の "s" をつけなくても複数の意味になる。「（二人以上いる）私の家族」は "my families" ではなく、"my family" でよい。同様に、"a rolling stock" とか "rolling stocks" とは言わない。"maintain rolling stock" と言えば、「保有する車両全体をメンテナンスする」ことを表せる。

　最近では、防災関係の話題でも「ローリングストック」という言葉が出てくることが多くなった。「災害に備えた非常食を定期的に消費・補充する管理方法」のことをいう。しかし、この「ローリングストック」は、和製英語のようである。

　車両の単体を指す場合には、"car" または "vehicle" を使う。「先頭車」なら "head car"、"lead car" などと言えばいいだろう。この "car" は "vehicle" で置き換えることができる。"car" と "vehicle" をどう使い分けるかは決め手がない。実際の国際業務では、海外のカウンターパートと相談し、ルールを決めて表現を統一することになるだろう。

②「編成」：trainset

　「編成」は、「電車、気動車で1両または複数の車両を組成し、まとまって運用される単

図2-9　（左）切り離された車両の単体（vehicle）、（右）組成された編成（trainset）

位」（鉄道技術用語辞典による）のことをいうが、英語では"trainset"になる。"train set"ではなく、"trainset"で一つの単語である。

③「列車」：train

　「列車」は、一または複数の「編成」が組成されて本線上を走行するもので、英語では"train"になる。

④「電車」：ⓐ EMU (electric multiple unit)、ⓑ electric car

　「電車」は、電気を動力として走行する車両で、多くの場合、編成として運用されるものであり、"electric car"と表現できる。一般的な英語表現では"electric car"は、「電気自動車」のことも指し、昨今は"electric car"で画像検索すると自動車の写真ばかりが出てくる。自動車ではなく鉄道の「電車」であることを明確にするには、"electric railcar"と呼び分ければよい。しかし、鉄道ビジネスの現場では鉄道の話であることが明確なので、"electric car"で問題ない。

　ただし、「電車」を指す用語として、より広く使われるのは"electric multiple unit"である。省略形の"EMU"が広く通用し、国際的な鉄道の業界誌でもごく普通に使われている。"multiple unit"とは、「複数のものが組み合わさって一体として機能するもの」といったイメージだろう。つまり、複数の車両がユニットに組成されて走行するものが想定されている。なお、「気動車」も同様に"diesel multiple unit"、略して"DMU"という。

　普通の日本語の文章では、「鉄道で行く」ことを「電車で行く」と表現する人が多いだろう。実際に話者が乗るのは電車ではなく、気動車あるいは客車列車かもしれない。この「電車」は"train"と英訳すべきだろう。そうすると「電車で行く」は"take a train"となる。業務用語で「列車」の意味で「電車」が使われている場合があれば、英語では"EMU"ではなく"train"を使う必要がある。

⑧ 「運転士」と「車掌」

8-1 ちょっと付け足してより明確に伝える

Point
①「運転士」: driver → <u>train</u> driver
②「車掌」: conductor → <u>train</u> conductor

　「運転士」、「車掌」も基本的な鉄道用語と言えるだろう。辞書で調べると、それぞれ"driver"、"conductor"が出てくるはずだ。しかし、実は話はそう簡単ではない。まずは、次頁のコラム4をお読みいただきたい。

図2-10　車掌（train conductor）

　コラム4に書かれているとおりだが、「運転士」は"driver"よりも"train driver"の方が、「車掌」は"conductor"よりも"train conductor"の方が通じやすくてよい。ちょっと言葉を付け足すことでより明確になるのだ。

　単語そのものの意味としては、"driver"は「周辺機器を動作させるソフトウェア」や機器の「制御部」の意味もある。"conductor"は、電気用語で「導体」の意味もある。文書では"train driver"や"train conductor"にすれば間違える余地がなくなるだろうから、万全だ。和訳するときに翻訳業者やAIが単純ミスをする可能性も少なくなる。

【コラム4 「車掌＝conductor」が通じない？】

「車掌＝conductor」と英訳する鉄道会社は多い。かつて車掌を経験し、現在は国際事業に従事する鉄道マンやウーマンが海外の鉄道関係者に自己紹介をする際に"I was a conductor (when…)"と過去の現場経験を語るケースが多々ある。

しかしながら、"conductor"のみを単独で使用すると、通じないことも多い。車掌をconductorと呼ぶのは米国の鉄道英語で、コモンウェルス諸国（旧イギリス植民地諸国）では"guard"と呼ぶことが多いのも、その一因のようである。

また、日本の鉄道業界は現場経験を重視するため、本社などの管理部門で働く社員・管理職の中にも車掌経験者は少なからずいるが、海外の鉄道事業者では現場第一線社員として就業した経験を持つ管理部門社員は稀である。そのため、日本の鉄道会社の人事運用を知らない海外鉄道関係者にとって、目の前の本社勤務社員が「車掌」だったことが想像しにくいことも通じない一因なのかもしれない。

事実、コモンウェルスに属するある国の鉄道関係者の訪日研修の際に、受け入れ担当社員が"I used to be a conductor."と自己紹介したが、研修生はキョトンとした顔をしたままで反応はなかった。その後、帰国前の懇談の場で「あの方は音楽家だったのですか？」とコッソリ質問してきた。Conductorをオーケストラの「指揮者」だと思っていたようだ。

もちろん、現役の車掌が制服を着て"I am a conductor."と言えば、英連邦の方々にも通じる。視覚情報がない時は"train conductor"と表現すればほとんどの場合で通じるので、これ以降、後輩には"train"もつけた方がいいよ、と伝えるようにしている。運転士についても、"driver"では通じないことがある。アメリカで開催される運転士などの技能競技会「レールロデオ」に参加した当社社員がアメリカ人に尋ねたところ、やはり「"driver"だけでは伝わらない」と言われたという。さまざまな表現があるが、"train driver"なら通じるだろう。

鉄道英語は、英語を母語とする文化間でも異なる用語を用いるケースが多いため、「この用語は世界共通で万能」という語は少ない。そのため、ある語を単独で使うのではなく、極力補足の説明を加えながら、状況や背景の中で想像できるように伝えていくことが大事だと実感している。

アメリカ・アラスカ鉄道の車掌
（train conductor）

8-2 「運転士」「車掌」にもいろいろな言い方がある

Point

① 運転士 ：(a) driver、train driver（右の方がより明確。）

(b) engineer（アメリカ式英語）

(c) train operator

② 車掌 ：(a) conductor、train conductor（右の方がより明確。）

(b) guard（イギリス式英語。イギリスでも conductor や train manager が使われることがある。）

　運転士については、"driver" または "train driver" 以外の表現もある。コラム4で出てきたアメリカでの「レールロデオ」に参加した社員は、このイベントでは "train operator" という表現が使われていたという。別の社員は、アメリカ駐在の最初のころ、会議で何度も出てくる "engineer" を整備士だと思っていたが、後になってやっと運転士（機関車の機関士）のことだと気付いたという。電気車の運転士に限れば、"motorman" という表現もある。同じ言葉でもいろいろな表現があるので、「運転士 = driver」と思い込みをせず柔軟に対処することが必要だろう。

　インド高速鉄道プロジェクトでは、当社のグループ会社によるコンサルティング業務の中で、運転士を規程中では "train operator" と呼ぶことになった。インド国鉄では、機関車の運転士は伝統的に "loco pilot" と呼ばれてきた。日本側は国際的により広く通用する "driver" とすることを勧めたが、インド側に「これまでにない先進的なシステムにふさわしいスマートな呼称にしたい」という意向が強く、"train operator" を使用することになった。用語の決定もコンサルティング業務では重要だ。一般的な呼称にこだわらず、柔軟に相手の意向を尊重して決定することも必要だろう。

　鉄道車両以外を「運転」する職の名称についても触れておこう。日本語ではクレーンやフォークリフトを操縦する人を「運転士」と呼ぶ（資格の名称がそのようになっている）。しかし、

図 2-11　運転士（train driver）

この「運転士」は英語では "driver" ではなく "operator" と呼ぶことが多いようだ。軌道の保守用車の「運転者」は "operator" と呼ぶ方がふさわしい場合もあるだろう。移動させるために「運転する」ことは "drive"、作業をさせるために「運転する」ことは "operate" と区別するのも一つの考え方だが、その場その場で検討が必要だろう。

　車掌に関しては、コラム4で述べたように、コモンウェルスの国々では "guard" と呼ぶことが多い。しかし、コモンウェルスでも "conductor"、さらには "train manager" といった他の表現が使われることもある。もともと "guard" は列車防護を任務とすることからきた呼称と考えられる。しかし近年では、鉄道のサービス向上が求められる中で、旅客サービスの担い手としての役割も含む意味の "train manager" の呼称を導入し、社員の意識改革を目指す動きもあるようだ。運転士同様、車掌にもさまざまな呼称があることを知っておく必要があるだろう。

「ダイヤ」の表現

> **Point**
> ① 「ダイヤ（折れ線グラフで図示された列車運行計画)」: diagram
> ② 「ダイヤ（列車運行計画)」: train timetable（アメリカ式英語では train schedule)
> ③ 「ダイヤの乱れ」: timetable disruption, not on schedule など

　列車の「ダイヤ」と言えば「列車の時刻表（＝運行計画)」のことと広く知られている。「ダイヤ」が英語の「ダイヤグラム」の省略表現であることも多くの人が知っているだろう。

　ただし、「ダイヤ」を英語で表現するときは、要注意だ。英語の "diagram" は、「図示したもの」の意味で、鉄道では、列車運行計画を折れ線グラフで図示したものを指す。日本では「ダイヤグラム」を「ダイヤ」と縮め、さらにこれが転じて「列車運行計画」そのものも指すようになってしまったが、これは英語の "diagram" の用法とは異なる。

　「列車運行計画」の意味での「ダイヤ」を英語で表現するのなら、"timetable" を使うことが適切だろう。さらに言えば、鉄道事業の中ではさまざまな作業の計画（work timetable）があるので、これと明確に区別するには、"train timetable" とすれば万全だろう。

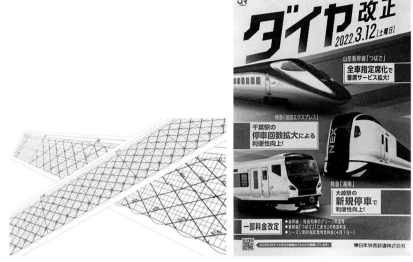

図 2-12　ダイヤ（diagram）（イメージ）とダイヤ（train timetable）改正のお知らせ

　なお、"time table" とスペースを入れて分けて書く（「分かち書き」という。）こともあるが、本来のつづりは分かち書きしない "timetable" である。また、アメリカ式英語では "timetable" よりも "schedule" が使われるようだ。丁寧に書く場合は "train schedule" となる。

　「ダイヤ」を含む言葉はいろいろあるが、「列車運行計画」の意味で「ダイヤ」を使っているのなら、"diagram" ではなく "timetable" を使って表現する必要がある。たとえば、「ダイヤ改正」であれば、「列車運行計画を改める」ことなので "timetable revision" となる。「ダイヤを改正する」なら "revise timetable" でいいだろう。「ダイヤの乱れ」であれば、「混乱」という意味の "disruption" を使って "timetable disruption" と言える。もっとも、これは"timetable" を使わずに "transport disruption" でもいいだろう。

　なお、お客さまへのご案内で「ダイヤが乱れています。」と言いたいときは、「計画どおり運行していない」という意味なので、"The trains are not on schedule." と言えばいい。もとの日本語の字面にとらわれず、文脈を考えて簡単で伝わりやすい表現をすればいいだろう。

⑩ さまざまな「○○列車」

> **Point**
>
> ① 旅客列車：passenger train ⟷ 貨物列車：goods train（主にイギリス式英語）
>
>   freight train（主にアメリカ式英語）
>
> ② 特急列車：express ⟷ 普通列車：local train
>
>   （日本では limited express）　（「ローカル線」は regional line または rural line か？）
>
> ③ 定期列車：regular train または scheduled train
>
>   ⟷ 臨時列車：special train
>
>   （extra train, seasonal train も）
>
> ④ 営業列車：commercial train ⟷ 回送列車：not-in-service train
>
> ⑤ 始発列車：the first train ⟷ 終列車：the last train
>
> ⑥ 先行列車：preceding train ⟷ 後続列車：following train
>
> ⑦ 団体列車：chartered train
>
> ⑧ 対向列車：oncoming train
>
> ⑨ 通過列車：passing train

　車両が組成され本線上を走行するものが「列車」であり、英語では "train" と呼ぶことは本章7で簡単に紹介した。以下では、さまざまな「列車」に関する表現を考えたい。

　まず、「旅客列車」と「貨物列車」だ。「旅客列車」は "passenger train" である。「貨物列車」は、"goods train" が主にイギリスで、"freight train" が主にアメリカで使われる。"goods" は「商品・もの」の意味で使われるが、ここでは「貨物」の意味だ。

　「特急列車」は "express" である。日本では「特急」は「急行」よりも上位の列車種別であり、「急行」が "express" で「特急」が "limited express" と表記される。当社でも在来線の特急は "limited express" と呼んでいる。しかし、これは日本独特の名称だ。海外では優等列車が "express" で、その "express" をさらに区分する名称はないことが多い。豪華列車 Orient Express は「オリエント急行」と訳すことが普通だが、この "express" は最高の種別であって、これより格上の "limited express" は存在しない。日本の感覚からすると「オリエント特急」と訳してもいいようなものだ。なお、日本では新幹線を運行する JR 各社は英語では新幹線列車を "superexpress"（超特急）という。

　「普通列車」、つまり各駅に停車する列車は "local train" という。ニューヨークの地下鉄は一部区間で急行運転をしているが、"express"（急行）に対する各駅停車は "local" という。大都市ニューヨークを走っていても「ローカル」だ。そもそも、英語の "local" は一般的な意味は「（特定の）地方の・地元の」という意味である。日本語で「地方部の・田舎の」という意味で使う「ローカル」とは違う。ロンドン周辺で発行されている新聞は "local paper"（地元紙）である。「田舎の新聞」ではない。

　日本では人口密度の低い地方部を走る路線を「ローカル線」と呼んでいるが、この「ローカル」は和製英語というべきだろう。「ローカル線」を英語で "local line" と訳しても、これは「地元の路線」でしかなく、意味が通じないと思われる。地方部の路線ということで "regional line" と訳す方法があるが、幹線鉄道に対する地域的な路線と理解され、大都市部の路線も含まれると思われそうだ。"rural line"（地方部の鉄道）とでも表現するとよいかもしれない。

　「定期列車」は、"regular train" または "scheduled train" でいいだろう。これに対し、「臨時列車」は "special train" が普通の表現だろう。特別な車両を使った列車のように日本人には思えるかもしれないが、単なる「臨時列車」である。ほかに "extra train" や "seasonal train" も使えるだろう。

　「団体列車」は、「団体によって貸し切られた列車」なので、"chartered train" でいいだろう。この "charter" は「（乗り物を）貸し切りで利用する」という意味の動詞だ。

　「営業列車」は、"commercial train" でいいだろう。これで旅客を乗せて営業運転する列車であることを表現できる。

　「回送列車」は、"deadhead train" や "out-of-service train" も間違いではないと考えられるが、本書では "not-in-service train" をおすすめしたい。詳しくは、次頁のコラム5をお読みいただきたい。

　「始発列車」と「終列車」はどうか。「始発列車（初電）」はその日の最初の列車なので、"the first train" である。「終列車」はその日の最後の列車なので、"the last train" となる。

　「始発列車」でも、「その駅から運転を開始する列車」の意味で言う場合は、たとえば "train to start operation" などと言えばいいだろう。「（その列車の）始発駅」なら "starting station" となる。ついでだが、「（その列車の）終着駅」なら "terminal station" だ。さらに言えば、「この列車は東京行です。」と言うとき、"This train is bound for Tokyo." という言い方が日本ではよく使われる。これは、"This train terminates at Tokyo." でも意味は同じだ。"terminate" は「（交通機関が）運転を終了する」という意

味の動詞である。

　そのほか、「先行列車：preceding train」、「後続列車：following train」、「対向列車：oncoming train」、「通過列車：passing train」といった表現も覚えておくと役に立ちそうだ。

【コラム5　回送列車】

　運行上の都合で旅客を乗せずに運行する「回送列車」はどう表現すべきだろうか。「回送」を和英辞書で引くと"deadhead"、「回送列車」は"deadhead train"とある。しかし、当社社員とインドの鉄道関係者との間で試験区間に向かう回送列車が話題になったとき、営業前であるため当社内で使用している "deadheading" を使ったところ、インド側から「貨車や客車を引いていない機関車のことか？」と確認された。インド側は生首が走っていくようなホラー映像をイメージしたようだった。結局、「試験区間に向かう列車」のような説明的表現に落ち着いた。

　非鉄道業界人の英語話者たち（イギリス人とシンガポール人）に"deadhead"と聞いて何を思い浮かべるかと聞いたところ「聞いたことがない」、「知らない」と予想だにしない反応であった。では英語で何といえば通じるのかと尋ねたところ、"not in service" ならば「乗客を乗せないとわかる」とのこと。さらに "out of service" ではどうかと聞いたところ、「乗客を乗せないことは"not in service" と同様にわかるが、車両が故障しているから乗れないのかと思う」という答えだった。この "out of service" は「回送」も表わすが、どちらかといえば車両の不具合が理由で「利用できない」イメージになるようだ。「回送＝deadhead」はアメリカ式英語のため、イギリス式英語が母語である英語話者たちにはピンとこなかったのかもしれない。

　上記から「回送」を表現する英語としては、"not in service" と表現する方が無難と言えそうだ。実際に別の社員は、他のインドの鉄道関係者から「"not in service" がよい」と言われている。

　ただし、この表現は鉄道を利用する立場の英語話者に聞いた結果に過ぎず、聞き取りの母数も十分ではない。世界の鉄道業界内で"deadhead" を使うことが不適だとは言い切れない。

回送列車

⑪ 「電気」関係の用語

11-1 「電気部門」の表現－「電気（電力＋信号通信）」は英語では一言で表現できない

> **Point**
>
> 「電力」＝ "electrical" または "electric"
>
> 「信号通信」＝ "signalling and telecommunication" ＝ "S&T"
>
> 「電気（電力＋信号通信）」＝ "electrical and S&T"　※当社による解決策。

　鉄道事業は、さまざまな技術部門を含む。たとえば当社では、運輸、車両、施設（土木＋軌道＋建築＋機械）、電気（電力＋信号通信）のように技術部門を区分する考え方がある。（後述のように、当社内でも異なる区分の考え方もある。）このような技術部門を表す英語表現も、極めて基本的なことであり、特に問題が生じる余地もないと思われるかもしれないが、意外に一筋縄ではいかない。まずは、以下のコラム6をお読みいただきたい。

【コラム6　信号通信がないぞ ―「電気部門」の意味―】

　当社のグループ会社が海外の鉄道事業者とのビジネスで電気部門に関する協議を行ったとき、「信号通信のことを忘れていないか？」と不快感をあらわにして相手が尋ねてきた。相手に渡した資料には、信号通信に関する内容もちゃんと含まれている。しかし、資料の表記が "electric" だった。こちらは信号通信も含めた「電気部門」のつもりで "electric" と表記したが、相手は "electric" には信号通信は含まれないと理解し、こちらのミスで信号通信の記述が抜け落ちていると思って怒っていたのだった。

　先方と協議の結果、以後「電気部門」は "electrical and S&T" と表記することにした。

　当社では、「電力」と「信号通信」を包括した部門を「電気部門」と呼んでいる。当社だけではない。鉄道の電力と信号通信に関わるメーカーも一般に「電気」を電力と信号通信の両方を含む意味で使っている。業界団体の名称も「一般社団法人日本鉄道電気技術協会」である。鉄道業界で使う日本語の「電気」は「信号通信」を含むのだ。

　しかし、英語では事情が異なる。「電力」と「信号通信」を包括する意味の日本語の「電気」を英語の一語で表現することはできない。そこで、「電力」と「信号通信」を合わ

せたものだということをかみくだいて書く必要があったのだ。「電力」は "electrical" または "electric"[1]、「信号」は "signalling"、「通信」は "telecommunication" である。「信号通信」はあわせて "S&T" と言うことができる。したがって、「電力」と「信号通信」を合わせると "electrical and S&T" と表現できる。その後、この海外の事業者との間では、「電気」を表現するために "electrical and S&T" という表現を使うことにしたのだった。これなら誤解が生じる心配はない。

　いろいろなことを一度に言うと混乱させてしまうかもしれないが、英語の "electric(al)" の意味は「電力」に限らない。また、「電力」を表す英語表現は "electric(al)" に限らない。この点について、以下で解説したい。

11-2　英語の "electric(al)" の二つの意味

> **Point**
>
> "electric(al)" の二つの意味
> ①「電力」
> ②「電力＋信号通信＋車両の電気・電子技術」（電気に関わるもの）

　鉄道の国際規格の多くは ISO（国際標準化機構）で制定される。しかし、電力関係の装置、信号通信関係の装置、車両の電気・電子機器などに関する規格は ISO ではなく IEC（国際電気標準会議）で制定されている。この IEC がカバーするものは、"electrical equipment and systems for railways"（鉄道用の電気装置・システム）と表現される。"electric(al)" は、①「電力」を指す以外に、②電気を生み出す技術、電気を使う技術の両方を含む「電気」に関わるものを指すことができるのだ。ただし、これは車両に関わるものも含むので、「電力」と「信号通信」だけを束ねていう日本語の「電気」とは異なることには注意したい。

---

1) ここでは、"electrical" と "electric" の両方の表現を記載しておくが、「技術分野としての電気」を指す場合や「電気工学の」の意味では "electrical" を用いるのが一般的のようである。

11-3 "electric(al)" 以外の「電力」を表す英語表現

Point

「電力」を表す英語表現

① "electric(al)"：「電力＋信号通信＋車両の電気・電子技術」の意味もあり。

② "power feeding" または "power supply"

③ "fixed installations"：IEC（国際電気標準会議）が使用。鉄道用の電気
　装置・システムのうち「電力」関係のもの。

④ "energy"：UIC（国際鉄道連合）が使用。

　本章 11-2 では、"electric(al)" には、①「電力」②「電力＋信号通信＋車両の電気・電子技術」の二つの意味があることを述べた。では、広い意味の "electric(al)"（②）のうち、特に「電力」（①）だけを区別し明示するには、どうすればいいだろうか。

　国際的に通用する表現としては、"power feeding" や "power supply" がある。電力を「供給する」意味を表す点では明確である。鉄道車両を駆動する "power"（動力）は電気に限らないだろうと突っ込まれそうだが、現在では「動力＝電気」という観念が広まっているからか、これでよいのである。IEC では、鉄道用の電気装置・システムのうち「電力」関係のものは "fixed installations" という。単に「（土地に）固定して設置された設備」すなわち「地上設備」と言っているだけだが、これでよい。なお、UIC（国際鉄道連合）では「電力」を単に "energy" と呼ぶ言い方がある。UIC が発行する鉄道の国際規格 IRS（International Railway Solutions：国際鉄道ソリューション）でも使われる表現だ。

　「電力」にもさまざまな英語表現がある。出くわしたときに戸惑わないようにしたい。

図 2-13　「電力」には、さまざまな英語表現がある。

11-4　英語名称に見るインド高速鉄道への「電気システム分野」での支援

> **Point**
> ① 本章 11-1 および 11-2 によれば、"electric engineering" で「電気（＝電力＋信号通信）」を表現することは適切ではないと思われるかもしれない。
> ② しかし、英語表現の内容について関係者間で了解されていれば問題はない。

　インド高速鉄道プロジェクトについては、当社が政府間協議を支援するとともに、グループ会社である日本コンサルタンツ（株）が詳細設計、入札支援および訪日研修受け入れ等の人材育成業務を実施することにより、支援を行っている。

　2021 年 9 月には、独立行政法人鉄道建設・運輸施設整備支援機構（JRTT）、株式会社海外交通・都市開発支援機構（JOIN）および当社の出資により、新会社「日本高速鉄道電気エンジニアリング（株）」が新たに設立された。この会社は、インド高速鉄道の事業主体であるインド高速鉄道公社に対し、電気システム分野（電車線、配電、変電、信号、通信等）の業務への技術的支援を行うものだ。

　新会社の英文名称は、"Japan High Speed Rail Electric Engineering Co., Ltd."（略称「JE」）という。この会社の名称には、和文では「電気エンジニアリング」、英文ではこれに対応して "Electric Engineering" という表現が用いられている。

　本章 11-1 および 11-2 では、それぞれ、以下のように説明した。

　　①「電気（電力＋信号通信）」を一言で "electric(al)" と表現することはできない。

　　②「電力＋信号通信＋車両の電気・電子技術」を "electric(al)" と表現する考え方はある。

　これらとこの会社の英文名称との関係は、どのように理解すればいいだろうか。上記のポイント①によれば、この会社が「電力」と「信号通信」を包括する意味の「電力システム分野」を事業対象とすることは読み取れないことになる。また、ポイント②によれば、この会社が車両に関わる電気技術も事業対象とするようにも読めることになる。したがって、背景事情を知らない人が読めば、誤解を生じる可能性もある。

　しかし、会社設立に至る日印の関係者間のやりとりの中で、この会社の事業対象分野である "electric engineering" が「電気（＝電力＋信号通信）」を意味することが相互に了

解されていることから、本件では英語表現をめぐる問題は生じないと考えられる。

結局のところ、英語表現は、一般的な意味以外にさまざまな実態や理解の仕方がある。関係者間で相互に十分なコミュニケーションがとられれば問題は生じないと言える。

「施設」・「設備」－「軌道」、「土木」、「建築」など

Point

「施設」・「設備」の表現方法は、以下の①、②のどちらでもよい。

① "track, civil engineering, ..., and ..." のように併記して明確化。

② 「"facility" はこういう意味で使う」と相互に了解しておく。

当社では、「軌道」、「土木」、「建築」、「機械」を包括した部門を「施設」（または「設備」）と呼ぶ場合がある。また、これにさらに「電気（電力＋信号通信）」を加えた部門を総称して「設備」と呼ぶ場合もある。しかし、この「施設」や「設備」を "facility" で表現しても、何と何を指すのか理解してもらえないだろう。「電気（電力＋信号通信）」を "electrical and S&T" と表現したのと同様に、"track, civil engineering, ..., and ..." などと併記して明確化することが必要かもしれない。そうでなければ、「この "facility" は、○○と△△と□□を合わせたものを意味します。」と説明し、"facility" の意味について相互に了解しておくことが必要だ。

用語の表現については、基本的な用語も含め慎重に考えて決定し、海外のカウンターパートと相互に確認し、誤解を避けなければならない。私たちが普段何気なく使っている部門名も、どのような内容を指すのかをよく考え、適切な表現を選ぶことが必要だ。

第3章
注意すべき鉄道用語

 ① 注意すべき技術用語

第2章では基本的な鉄道用語の英語表現について見てきたが、以下ではより専門的な用語に焦点を当てていく。前章と同様に、具体的な用法を示しながら解説していこう。

1-1 けん引（意味に応じて hauling または traction）

Point

① 「引っ張ること」の意味の「けん引」：hauling
② 「車両を進める力」の意味の「けん引」：traction

まず、「けん引」という用語についてである。すべて漢字で「牽引」と書くことができる言葉だが、鉄道用語として使う場合は「けん」の部分はひらがなで書く。

鉄道用語の「けん引」には二つの意味があり、英語でもそれぞれ異なる表現が当てられる。

一つは、機関車が編成の先頭で客車または貨車を「引っ張ること」である。これは英語では "hauling" という。「けん引する」という動詞は "haul" で、「けん引すること」は "hauling" である。「機関車けん引の列車」は "loco-hauled train" だ。「けん引運転」は "hauling operation" となる。逆に、機関車が編成の最後部で客車または貨車を押すこと、つまり「推進」は "pushing" で、「推進運転」は "pushing operation" だ。

もう一つの「けん引」は、日本語でわかりやすく説明されているものが少ないが、「車両を進める力」と理解できる。これは英語では "traction" と表現される。ある英英辞典で調べると "traction" は「引っ張る動作」と「それを行うために使われる力」の意味があることがわかる。後の説明が「車両を進める力」である。後者の意味の「けん引」を使った用語としては、「けん引力の速度に対する特性」を表す「けん引性能：tractive performance」などがある。

"traction" を使った鉄道用語の英語表現は多い。車両を進める力を生むための電動機（モーター）は「主電動機：traction motor」という。主電動機の駆動に関わる「主変換装置：traction converter」、「主抵抗器：traction resister」、「主回路：traction circuit」は、いずれも日本語の「主」に英語では "traction" が対応する。日本語につられて

図 3-1　主電動機（traction motor）

"main motor"、"main converter" などと言ってしまいそうだが、"traction" を使うのが一般的だ。電力設備の用語で「き電用変電所：traction substation」、「き電用変圧器：traction transformer」もある。いずれも電気車の駆動のための電力供給を担う設備である。

1-2　入れ換えと軌道短絡（どちらも shunting）

Point
① 入れ換え：shunting
② 軌道短絡：shunting

"shunting" という英語表現は、日本語では異なる二つの意味に対応する。

一つは、駅や車両基地で車両および列車を異なる線路に移す「入れ換え」の意味だ。動詞（入れ換える）なら "shunt"、名詞（入れ換え）なら "shunting" になる。「車両の入れ換え」なら "shunting of vehicles" などと言えばよい。入換作業に用いる「入換機関車」は "shunting locomotive" となる。注意すべきは「入換車両」で、"shunted vehicles" と言わなければならない。入換機関車は車両を入れ換える主体だが、入換車両は入れ換えられる対象だからである。

もう一つは信号の用語で、左右のレールの間が電気的に短絡される「軌道短絡」の意味だ。軌道回路の列車検知性能の指標となる「短絡感度」は "shunting sensitivity" という。同じ英語表現の "shunting" でも、まったく異なる意味を表すわけだ。

本章 1-1 で取り上げた「けん引」は、同じ日本語表現でも異なる用法がある（したがって、異なる英語表現がある）ケースだった。逆に、ここで取り上げた "shunting" は

同じ英語表現でも異なる用法がある（したがって、異なる日本語表現がある）ケースだ。異なる言語間では言葉と言葉の意味が一対一に対応しないことを示すわかりやすい事例といえよう。

こうしたケースで間違わないためには、英和辞典または和英辞典で言葉を調べるときに、一つの語義（言葉の意味）だけを見てそれが正しいと「短絡」的に決めつけるのではなく、さまざまな語義を調べ、複数の候補を「入れ換え」てみてどれが最も正しそうか検討することが必要だろう。

1-3　現示（意味により aspect または indication）

Point
① 信号が表す符号（示す意味・内容）の意味の「現示」：aspect
② 示すことの意味の「現示」：indication　　※「現示する」は indicate

「現示」は信号の分野ではよく使われる基本的な用語である。しかし、日本語の「現示」は英語では "aspect" と表現すべき場合と "indication" と表現すべき場合がある。

「現示」は、「信号が表す符号」の意味の場合は "aspect" を使う。日本語で「信号現示」は "signal aspect" といえるが、単に "aspect" といってもいいだろう。「停止現示（＝停止信号の現示）」は "stop aspect" といい、「進行現示（＝進行信号の現示）」は "proceed aspect" といえばいい。つまり、「示す意味・内容」のことあれば、"aspect" になる。

図3-2　進行信号の現示
（indication of proceed aspect）

「現示」は、「示すこと」（＝現示すること）の意味の場合は "indication" を使う。たとえば「入換信号機の現示」であれば、"indication of shunt signal" となる。「進行信号の現示」は、「進行現示を現示すること」なので、"indication of proceed aspect" といえる。

「現示する」は動詞の形で "indicate" となる。「進行信号を現示する」は "indicate proceed aspect" といえばいい。

"aspect" と "indication" の使い分けは微妙な場合も

多い。日本語の文章で「進行の現示」と書いてある場合、「進行を表す符号」のことか、あるいは「進行信号を現示すること」のことか、どちらの意味なのか判断して適切な英語表現を決める必要がある。前者なら"proceed aspect"だし、後者なら"indication of proceed aspect"となる。

1-4　落下（occupancy, de-energization, fall）と扛上（vacancy, energization, raising）

Point

① 落下：(a) occupancy（信号関係の用語で、列車が検知されている状態のこと）

　　　　(b) de-energization（リレーに電気が流れていない状態のこと）

　　　　(c) fall（一般的な英語で、落ちること）

② 扛上：(a) vacancy（信号関係の用語で、列車が検知されていない状態のこと）

　　　　(b) energization（リレーに電気が流れている状態のこと）

　　　　(c) raising（軌道関係の用語で、軌道の高さを上げること。当社では「軌道こう上」と表記している。）

　同じ日本語表現が異なる英語表現に対応する別の例として、「落下」と「扛上<ruby>こうじょう</ruby>」を取り上げる。どちらも信号関係の用語だが、別の意味がある。

　「落下」は、軌道回路によって列車の在線が検知されている状態のことをいう。この状態を、列車の車輪・車軸によって両方のレールが短絡され、リレーに電流が流れなくなって「落下」（接点が開くこと）するため、信号の用語では「落下」と呼ぶ。これを英語では、列車が在線していることから"occupancy"と表現する。"occupancy"という英単語の本来の意味は「占有すること」である。

　「落下」は、電気関係の一般的な用語では、リレーに電流が流れず接点が開いた状態をいう。英語では"de-energization"という。"de-energization"という英単語の本来の意味は「電気が流れていないこと」である。

　普通の意味での「落下」（落ちること）は、"fall"または"falling"だ。「fall accident：墜落事故」、「fall detection mat：転落検知マット」、「fallen object：落下物」のように

使う。

「扛上」は信号の用語では「落下」の反対語である。軌道回路によって列車の在線が検知されていない状態のことをいう。この状態では、列車の車輪・車軸によって両方のレールが短絡されることはなく、リレーに電流が流れて「扛上」(接点が閉じること) するため、信号の用語では「扛上」という。これを英語では、列車が在線していないことから "vacancy" と表現する。"vacancy" という英単語の本来の意味は「空いていること」である。

「扛上」は、電気関係の一般的な用語では、リレーに電流が流れて接点が閉じた状態をいう。英語では "energization" という。"energization" という英単語の本来の意味は「電気が流れていること」である。

「扛上」は、軌道関係の用語としても使われる。当社では、「軌道こう上」と表記している。信号の用語とはまったく違う意味で、工事により軌道の高さを上げることをいう。英語では "raising"、「軌道」に関わることであることを明確に書くのであれば "raising of track" とも表現できる。"raise" という英単語の本来の意味は「持ち上げる・高くする」である。

1-5　負荷と荷重（どちらも load）

> **Point**
> ① 物理的な「荷重」: load
> ② 電力の「負荷」: load
> （参考）乗車効率: load factor　※電力の「負荷率」も同じ表現。

ここからは、本章 1-3、1-4とは逆に、日本語では別の言葉だが英語では同じ表現になってしまうものをチェックしていこう。

"load" という英語表現は、一般的には「積み荷」や「負担」といった意味で使われる。鉄道分野の技術的な議論で使われがちな用法としては、物理的な「荷重」、電力の「負荷」の両方の意味がある。実際に当社の社員も、この英語表現をめぐりちょっとしたトラブルに遭ったことがあるが、すぐに説明し直し、大きな問題にはならなかった。詳細はコラム7をお読みいただきたい。

なお、"load factor" という言葉がある。旅客の数を座席数で割った数字、つまり「乗車効率」のことだ。もとは航空の用語だが、鉄道でも使うことができる。これを覚えてお

くと、「率だから、percentage かな、rate かな？」などと余計なことを考えなくてもすむ。短く言えて便利な表現だ。

　ついでに言うと、電気の負荷率、つまり最大需要電力に対する平均電力の比率も、"load factor" なので、混同しないよう注意が必要だ。文脈に注意すれば鉄道の専門家が間違うことはないだろうが、通訳や翻訳会社が英語から和訳するときに間違う可能性もある。注意深くチェックしなければならない。

【コラム 7 ：荷重も電力の負荷も load だった】

　当社の社員がある国際規格審議で実際に体験した話である。

　国際規格審議で、「鉄道駅と電力とのインターフェイス」、つまり、駅設備と電力設備との設計上の関連性に関する要求事項（技術上の要件）が議論になっていた。審議に参加した当社社員は、「駅設備の設計では、電車線設備などの荷重も考慮する必要がある。」との意見を述べた。駅の屋根などが電車線設備などを支持する構造となる場合、それらの荷重への考慮が必要という趣旨である。

　ところが、ドラフター（規格案の作成者）は、「ここでは電車線設備の電源は議論の対象外である」と、当社社員の意見を退けようとした。こちらは「荷重」の話をしているのに、相手は「電源」のことを言い、話がかみ合わなかった。なぜこうなったのか。

　実は、この審議では駅の電力設計が議論の対象になっており、「駅の電力設計では、空調、換気、照明、エスカレータ、電光掲示板などの電源を考慮すべきである。」という表現の適否が議論されていた。ここで社員が電車線設備の「荷重（load）」について意見を述べたところ、「電力の負荷（load）」のことだと解釈され、すれ違いが生じたのだった。

　社員は「dynamic load/mechanical load（物理的な荷重）」の意味だと補足説明し、誤解を解くことができた。これにより当社の主張が認められ、上記の要求事項とは別に「電車線設備などの荷重」に関する要求事項を加えることになった。

　この事例は、"load" に「物理的な荷重（dynamic load/mechanical load）」と「電力の負荷（electrical load）」の両方の意味があるために起こったトラブルだった。「電力の負荷」の "load" が話題になった時に、それを「荷重」の "load" のことだと思い、「荷重」の "load" に関わる議論を持ち出したことで、混乱が生じたのだった。

1-6 線形と通り（どちらも alignment）

> **Point**
> ① 線形（計画上の線路の形状）：alignment
> ② 通り（レールの長手方向（列車が走行する方向）の左右の所定位置への収まり具合）：alignment

　軌道関係の英語表現 "alignment" は、日本語では「線形」・「通り」の両方の意味に当たる。日本語では別の言葉だが英語表現が同じだ。

　"alignment" という言葉は、一般には「一直線にすること・並び」などの意味で使われる。たとえば「歯並び」は "teeth alignment" である。自動車の車輪の取り付け角度のことを「ホイールアライメント（wheel alignment）」ということをご存知の方も多いだろう。（日本語では「アライ」と「メント」の間にあるはずの「ン」が飛ばされることが多い。）取り付け角度が正しくないと車輪の並びがおかしくなる。"alignment" は、歯や車輪など、ものが並んで連なっている様子というイメージでとらえればいいのだろう。

　鉄道では、"alignment" は「線形」・「通り」の二つの意味で用いられる。いずれも、上記の一般的な "alignment" の意味とは少し異なる「形状」のような意味になる。

図 3-3　**通り整正（lateral realigning）** レールの長手方向の左右へのずれを修正する作業。

　「線形：alignment」は、土木関係の用語で、線路の形状、つまり、直線と曲線、勾配が組み合わされ計画された線路のかたちのことである。文脈によっては、線路の "alignment" であることを明確にするために、"track alignment" という必要があるだろう。この "alignment" は、「鉄道技術用語辞典」では「平面線形」のこととされているが、海外での用例をみると、平面・縦断面の両方を含む概念であると考えられる。平面図で示される「平面線形」は "horizontal alignment" と、また、縦断面図で示される「縦断線形」（勾配を表すかたち）は "vertical alignment" と、それぞれ区別して表現することもできる。

　一方、「通り（alignment）」は、同じく線路に関わる言葉で、保線関係の用語である。レールの長手方向

（列車が走行する方向）の左右における所定位置への収まり具合のことで、"lateral alignment"と表現するとより明確になる。レールの長手方向の左右へのずれをいう「通り変位」は、"lateral alignment irregularity"と表現できる。保線作業で「通り変位」を修正する「通り整正（通り直し）」は、"lateral realigning"と表現することが可能だ。この表現は「位置を再調整する（ことで元の形状に戻す）」意味となる"realign"を活用している。

　「線形」も「通り」も、英語では同じ"alignment"だが、日本語では指す意味が異なるので注意が必要だ。翻訳会社などに和訳を依頼した場合は、両者が取り違えられる恐れがあるので、注意深くチェックする必要がある。

1-7　分岐器関係の用語

Point

① 分岐器（軌道を分ける構造）：turnout

② 分岐器を構成する三つの部分：

　(a) ポイント部（転てつ器）：point（イギリス式英語）
　　　　　　　　　　　　　　　switch（アメリカ式英語）

　(b) リード部：lead

　(c) クロッシング部：crossing

③ トングレール：tongue rail

④ 転てつ機：point machine

⑤ 電気転てつ機：electric point machine

　分岐器関係の用語は、やや面倒だが、ここでまとめておこう。

　まず、「軌道を二つ以上に分ける軌道構造」をいう「分岐器」は"turnout"である。

　分岐器は構造上、「ポイント部：pointまたはswitch」、「リード部：lead」、「クロッシング部：crossing」の三つの部分に分かれる。「ポイント部」は可動構造を有し、軌道を分ける部分で、日本語では「転てつ器」ともいう。「てつ」はひらがな、「き」は「器」を使う。イギリス式英語では"point"、アメリカ式英語では"switch"となる。

　特に、ポイント部に用いられる先が尖った形状のレールは「トングレール：tongue rail」という名前がついている。この「トング：tongue」は「牛タン」の「タン」、つま

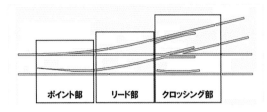

分岐器は、ポイント部、リード部、クロッシング部　から構成されている。

ポイント部　　・・・軌道が分岐し始める箇所の構造
リード部　　　・・・ポイント部とクロッシング部をつなぐ部分
クロッシング部・・・完全に軌道が交差する箇所の構造

図 3-4　分岐器各部の名称と役割

り「舌」を表す "tongue" と同じ単語だ。「トングレール」の英語の発音は「タン（グ）レール」である。

分岐器には、ポイント（転てつ器）を動かすための装置「転てつ機：point machine」が必要になる。「てつ」はひらがな、「き」は「機」を使う。現在日本で使われている転てつ機のほとんどは、モーターを内蔵し電気の力でポイント（転てつ器）を動かす「電気転てつ機：electric point machine」である。

1-8　標準化関係の用語・表現

> **Point**
> ① 規格（統一するためのルール）：standard
> ② 標準化（規格を作り、広めること）：standardization
> ③ 規格を開発する（＝規格を作成する）：develop a standard
> ④ 規格を発行する：publish a standard

　第1章2-2で説明したとおり、海外鉄道ビジネスにおいては、国際規格に従い対応することができなければビジネスチャンスを失うことにもなりかねず、国際規格の持つ意味は大きい。そのため、鉄道分野の国際規格の策定過程に加わる「標準化活動」は大変重要であり、当社としても関係する部と国際事業本部が連携して積極的にこれに参画している。

　「規格」とは、製品、サービス等を統一するためのルール（具体的にはそのための文書）で、「標準化」はそのルールを作り、広めることだ。「規格」と「標準化」は、それぞれ英語では "standard" と "standardization" である。

　国際規格は、ISO（国際標準化機構）やUIC（国際鉄道連合）などの団体の下に、世界の専門家が集まり協議を行って作成するが、「規格を作成する」ことは、規格の専門家の間で日本語では「規格を開発する」ということが多い。英語では "develop a standard" と表現されるので、"develop" のイメージに引っ張られた日本語表現になったのかもしれない。同様に「規格の作成」は「規格開発」ともいわれる。英語では "development of a standard" である。"develop" のよく知られた意味には、「（技術や資源を）開発する」があるが、計画などを「策定・立案する」のも "develop" だ。「長期計画を策定する」は "develop a long term plan" ということができる。「規格を開発する」で使われる "develop" はこちらの用法に近い。

図 3-5　発行された国際規格（UIC でまとめた規格）

　また、作成した規格を最終的に一般に公表することは、日本語では「規格を発行する」といい、英語では "publish a standard" である。発行された規格は、ウェブサイトで購入し電子データとしてダウンロードすることができる（第4章1-3参照）。

1-9　ハザード（hazard）：分野による意味の違い

> **Point**
> ① ハザード（一般的な日本語での用法）：危険の原因、潜在的危険性
> ② hazard（機械安全の概念）：危険の原因、危険源
> ③ hazard（鉄道信号の概念）：事故を引き起こす恐れのある条件（信号冒進[1] など）

　やや専門性が高い話になるので、「上級編コラム」とさせていただく。日本語でもよく使われるようになった「ハザード」という言葉だが、技術用語として使う場合には注意が必要だという話である。

1）列車・車両が停止信号に従わずにその内方（信号が防護する区間）に進入すること。

【上級編コラム３：「ハザード」の用法に注意！】

「ハザード」という言葉は、日本語でもよく使われるようになった。自動車の「ハザードランプ」、さまざまな災害による被害のリスクを示す「ハザードマップ」といった具合である。しかし、技術用語としての「ハザード（hazard）」は一筋縄ではいかない。

「ハザード」は、日本語では「危険の原因」や「潜在的危険性」の意味で使われることが多い。このような理解は、機械安全におけるハザードの概念に影響を受けていると考えられる。機械安全に関する国際規格 ISO 12100:2000 では、"hazard" は "potential source of harm"（危険源）と定義されている。"hazard" の具体例としては、衝撃や切断などの危害を発生させる機械的危険源のほか、感電などの危害を発生させる電気的危険源、火傷などの危害を発生させる熱的危険源などが示されている。また、これらの "hazard" に接近する状態が "hazardous situation"（危険状態／たとえば可動部に近づいての作業）であり、危害をもたらす事象が "hazardous event"（危険事象／たとえば可動部への接触）である。

一方、鉄道信号における「ハザード」の概念はこれと異なる。鉄道信号を含む鉄道システムの RAMS の欧州規格 EN 50126-1:2017 では、"hazard" は "condition that could lead to an accident"（事故を引き起こす恐れのある条件）とされ、信号冒進がその具体例として説明されている。これは機械安全では "hazardous situation"（危険状態）に当たる。機械安全の "hazard" の定義では、走行する列車自体が "hazard" になってしまうだろう。

このように、機械安全と鉄道信号の分野では、安全に関わる重要な用語が一致していない。こういったことを十分理解せずに鉄道信号の "hazard" を日本語の「ハザード」のイメージでとらえていると、大きな誤解や間違いを生じかねないので注意が必要だ。

技術用語は、それが規定されている規格などの技術文書で確認し、その分野での概念の意味を正確に理解することが必要といえよう。

1-10　略語いろいろ

　ここでは、鉄道分野で用いられる英語の略語（アルファベットの頭文字を並べたもの）について、⑴ 基本的な鉄道用語の略語、⑵ 重要な鉄道技術用語の略語、⑶ 一般的な装置、システム等の略語の三つに分けて整理する。

⑴ 基本的な鉄道用語の略語

> **Point**
> ① EMU（electric multiple unit）：電車
> ② DMU（diesel multiple unit）：気動車
> ③ HSR（high speed rail）：高速鉄道　　※ Shinkansen もかなり通じる。
> ④ MRT（mass rapid transit）：都市鉄道
> ⑤ LRT（light rail transit）：LRT（中量輸送対応の軌道系交通機関）
> ⑥ AGT（automated guideway transit）：新交通システム

　すでに取り上げたものも含まれるが、基本的な鉄道用語の略語を確認しよう。「電車」を指す用語としては、"EMU" が一般的に使われる（第2章7）。"electric multiple unit" を省略したものだが、省略形で使うことが普通である。これと似ているのが、「気動車」の "DMU" である。"diesel multiple unit" の省略形だが、省略形が幅をきかせているのは、"EMU" と同様である。

　なお、省略形にするときは "EMU" のように大文字のアルファベットを並べないといけない。省略前の表記をするときは "electric multiple unit" のように全部小文字で書けばいいことになっている。これは一般的な英語のルールだ。

　「高速鉄道」は "high speed rail" が普通の言い方だが、省略形の "HSR" もよく使われる。日本の「新幹線」は "Shinkansen" でもかなり通じる。（「"bullet train" のことか？」と聞き返されることもあるが。）

　新興国などで新たに整備される「都市鉄道」を指す "MRT" は "mass rapid transit" の略語だ。一般に MRT に対し中規模の輸送量に対応する都市内の軌道系交通機関が "LRT（light rail transit）" である（第2章2）。

　「新交通システム」は "AGT（automated guideway transit）" といえば海外でも通用する。

(2) 重要な鉄道技術用語の略語

Point

① OCC（operation control center）：中央指令所・運行管理センター

② SPAD（signal passed at danger）：信号冒進

③ TSS（traction substation）：き電用変電所

④ OCS（overhead contact line system, overhead catenary system など）：架空電車線路（＝架線）

図3-6　OCC（中央指令所）

特に重要な鉄道技術用語のなかで略語表記されるものも押さえておこう。

"OCC（operation control center）" は列車の運行管理を担う「中央指令所または運行管理センター」である。省略形で使っても問題なく通じる。

"SPAD（signal passed at danger）" は停止信号の現示に従わずその信号を越えて進む「信号冒進」のことで、省略形が定着している。

"TSS（traction substation）" は電気車に電力を供給する「き電用変電所」である。"traction" の意味は、本章1-1でみたように、「車両を進める力」のことだ。

"OCS" は「架空電車線路（＝架線）」である。第2章6で述べたとおり "overhead contact line system" と呼ばれるほか、"overhead catenary system" その他さまざまな言い方があるが、いずれにしても省略形は "OCS" である。

(3) 一般的な装置、システム等の略語

Point

① VCB（vacuum circuit breaker）：真空遮断器

② LCC または LCX（leaky coaxial cable）：漏洩同軸ケーブル

③ SCADA（supervisory control and data acquisition）：監視制御システム

鉄道で用いられるものであるが、鉄道に限らず広くさまざまな産業分野で用いられる装置、システム等の略語で海外でも通用するものを押さえておく。

"VCB（vacuum circuit breaker）" は鉄道では電力設備や電気車に使用される「真空遮断器」で、省略形で広く通用する。

「漏洩同軸ケーブル」は、通信用ケーブルとして沿線（線路沿いの地上）に敷設されるもので、英語では "leaky coaxial cable" という。省略形は "LCC" または "LCX" である。

図 3-7　VCB（vacuum circuit breaker）：変電所の真空遮断器

"SCADA（supervisory control and data acquisition）" は監視制御システムのことである。一般的には製造設備、インフラなど大規模施設の遠隔監視制御システムをいい、「SCADA（スキャダ）」と呼びならわされている。鉄道事業では電力管理システムとして導入される。世界的にも "SCADA" で通用する。

② 国による鉄道用語の違い

すでに一部では触れたものもあるが、国による鉄道用語の違いについてみていこう。

2-1　英米の鉄道用語の違い

イギリス式英語とアメリカ式英語での鉄道用語の違い

日本語表現	イギリス式英語	アメリカ式英語
鉄道	railway	railroad
軌道（路面電車のこと）	tram	streetcar
地下鉄	underground または tube	subway
運転士	driver	engineer
車掌	guard	conductor
指令	controller	dispatcher
時刻表	timetable	schedule
X 番線	platform X	track X

日本語表現	イギリス式英語	アメリカ式英語
エレベーター	lift	elevator
出口	way out	exit
（列車が駅に）停まる	stop at または call at	stop at
（列車から）降りる	alight from	exit
片道乗車券	single ticket	one-way ticket
往復乗車券	return ticket（アメリカ英語では、"return" には「復路の」の意味で使う用法がある。）	round-trip ticket
荷物	luggage	baggage
（車両の）台車	bogie	truck
まくらぎ	sleeper	tie
ポイント	point	switch
（システムとしての）信号	signalling	signaling
（電気用語の）接地	earth	ground

　第2章1では、「鉄道」という言葉でさえ、イギリス式英語とアメリカ式英語ではそれぞれ "railway"、"railroad" と表現が異なること、そして、国際的に広く通用するのはイギリス式英語の "railway" であることを紹介した。

　英米で表現が異なる鉄道用語は数多い。そこで、すでに紹介したものを含めて主なものを表にまとめた。ただし、たとえばアメリカで「運転士」が "train operator" と表現されていたという話をしたように（第2章8）、これらと違う表現が使われる場合もありうる。

　鉄道用語以外で業務に関わる重要なものとして、日付の表記の違いがある。2021年8月9日は、イギリス式日付表記では "09/08/2021"（フォーマルには "9th August 2021"）、アメリカ式日付表記では "08/09/2021"（フォーマルには "August 9th, 2021"）と表記する。文書の作成・読解、ホテルでの手続きなどで間違えないよう注意したい。"09/Aug/2021" と書く方法もあり、これなら確実に誤解を避けることができる。欧州で用いられるのはイギリス式の日付表記だ。

2-2 インド独特の表現

(1) インド独特のビジネス英語の表現

> **Point**
> ① prepone：日程を早める　※ postpone（日程を遅らせる）の逆。
> ② revert：返答する（＝ reply）
> ③ the same：it（それ）の代わりに使う。
> ④ do the needful：必要な対応をする
> ⑤ ～ ji：～さん
> ⑥ achcha（または theek hai）：了解・わかった

今回は、コラム 8 からお読みいただきたい。

【コラム 8：postpone の逆は prepone ？　－インド英語を攻略せよ－】

　「会議を prepone しましょう」。インドの鉄道事業者からのメールだ。"postpone" なら「日程を遅らせる」の意味だ。"postpone" の逆で「日程を早める」の意味と推測した。そんな単語もあるのか。まだまだ英語の勉強が足りないな。念のため Oxford の英英辞典（ウェブ版）で調べた。意味は推測のとおり「日程を早める」。そして、かっこ書きで "Indian English" とあった。

　当社は高速鉄道プロジェクトでインドとの関わりが増え、社員はインド独特の英語に触れる機会が増えている。ここでは当社の社員が実際に見聞きしたインド英語を紹介する。

　メールのやりとりでは、「返答する」の意味で "revert" という動詞が使われる。一般的な英語表現では "reply" だ。"I will revert to you later."（追って返答します。）などと使う。

　「それを送ってください」をインド人は "Please send the same to me." とよく書く。この "the same" は "it" の意味で、一般的な英語なら "Please send it to me" と書くところだ。

　「必要な対応をする」を "do the needful" というのも独特だ。依頼をした結果、"I will do the needful." と相手が言ってくれると安心する。

　メールでは宛先のこちらの名前の後に "ji" がついていることがある。"Yamada ji" と

いった具合である。日本語の「〜さん」に当たる言葉で、親しみを込めて使われる。このようなメールが来たら、相手と信頼関係ができたかなと思う。相手の名前の後に "ji" をつけて返信してもいいだろう。英語の "Mr" などの敬称と違い、名前の後ろにつけるところは日本語の「〜さん」と同じだ。

　近年はインド英語のビジネス表現の用例をまとめた書籍も刊行されており、参考にできる。

　最後に、英語ではなく現地の言葉らしいが、"achcha"（アチャー）という感嘆詞がある。「了解・わかった」といった意味である。日本では、「あちゃあ」と言うのは失敗した人や困っている人だ。しかしインドでは、こちらの説明を「アチャー、アチャー」と相手が相槌を打ちながら聞いていたら、それはきっと良い兆候である。なお、このほか、"theek hai"（ティケ）も同じように「了解」の意味で使われる。

⑵ インド独特の鉄道英語の表現

> **Point**
> ① loco pilot：機関車の運転士
> ② footplate training（イギリス式英語）：乗務実習
> ③ rake：（列車の）編成
> ④ gangman：保線員
> ⑤ ghat section：山岳区間

　インドでは、鉄道に関する英語にも独特の表現がある。

　インド国鉄は貨物輸送が盛んで、一部の大都市近郊の列車を除き旅客列車も機関車が客車を牽引するものが圧倒的に多いが、機関車の運転士は "loco pilot" という。

　運転士に関わるユニークな用語に、"footplate training" がある。これは、運転士の「乗務実習」、つまり養成訓練中に実際の列車で運転の訓練を行うことである。その由来は、蒸気機関車の機関士が上に立って機器を操作する「踏板（footplate）」である。蒸気機関車がなくなった今でもこの言葉はインドでは使われている。当社グループが関わっているインドの高速鉄道の規程案でも、この用語は使われている。もちろん、インド高速鉄道は蒸気機関車により運行されるわけではない（厳密に言えば、この用語はイギリス式英語であり、イギリスおよびコモンウェルス諸国で使用例がみられるが、ユニークな表現なので

紹介した）。

　列車の「編成」を指す "rake" という表現
もある。機関車にけん引される組成された一
連の貨車または客車を指すとの説明もあるが、
列車の編成全体を指すのにも使われる。

　"gangman" は、線路の検査・整備を行う
保線員のことをいう。悪者のことではない。
「一団（gang）」を成して行動することが名
前の由来のようだ。

図 3-8　インド国鉄の列車（ムンバイにて）

　"ghat section" は、急こう配を有する山岳区間を指す。"ghat" は現地の言語で「山」
のことで、「西ガーツ山脈」なども同じ由来のようだ。

　こうした用語は、インドの鉄道ファン団体 Indian Railways Fan Club のサイトでも
確認することができる。（https://www.irfca.org）

2-3 　日本独特の用語

　「国による鉄道用語の違い」に含めていいかどうかよくわからないが、「日本で通じるが
海外では通じにくい表現」についてまとめておこう。

(1) 日本で使われる英語表現が通じにくい用語

> **Point**
> ① 相対式ホーム：side platform または separate platform
> ② ワンマン運転：one-person operation（OPO）、
> 　　　　　　　　 driver-only operation（DOO）など

　「相対式ホーム」を英語ではどう表現したらいいだろうか。鉄道技術用語辞典では "op-
posite platforms"（複数形）とある。しかし、"opposite platform" で Google の画像
検索をすると…あれれ、おかしいぞ。複線区間の線路をはさんだ向こう側のホームに列車
が入ってくる写真が多数出てくる。"opposite platform" は「反対側のホーム」なのだ。

　海外では「相対式ホーム」は "side platform" または "separate platform" で、"side
platform" がより広く使われているようだ。"opposite" は「こちら側から見て反対側の」

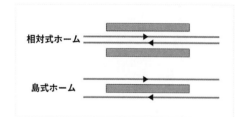

図 3-9　相対式ホーム（side platform）と島式ホーム（island platform）

という意味で、「互いに向き合う」という意味ではない。「互いに向き合う一対のホーム」の意味なら、形容詞の "opposing"（反対の）を活用し、"opposing platforms" と表現すべきだろう。ただし、この表現が使えるのは、"The station has two opposing platforms."（その駅は相対式ホーム二面を有する。）のように、二つのホームをセットで言及する場合に限られてしまう。

　「島式ホーム」は英語でも "island platform" で、これはまさに複線区間の 2 本の軌道の間というイメージだ。これに対し「相対式ホーム」は 2 本の軌道の「横側」にあるので "side platform" になるのだろう。

　次に「ワンマン運転」。鉄道技術用語辞典では "one-man operation" だが、用例を検索して調べると、日本で使用されている用例が多い。海外では "one-man operation" も使われており間違いではないが、"one-person operation"（OPO）や "driver-only operation"（DOO）がより一般的だ。「一人、二人」と数えるときの「一人」は "one person" だから、こちらの方が英語としてはしっくりする感じがする。また、運転士は女性もいるから、言葉の上でも男女平等を進める観点からは、"one person" の方が "one man" より正しいだろう。"driver-only operation" も、車掌が乗務せず運転士一人だけになることが明確になり、わかりやすい。

　英語は論理的・合理的な言語だと言われる。それが本当かどうかはわからないが、鉄道英語に関しては、理屈に合った名前がついているものが多そうだ。理屈抜きにただ覚えるよりは、なぜそのように言うのか、理由を考えると覚えやすいように思う。

⑵ 和製英語である用語

> Point
>
> ① ホームドア：platform screen door（PSD）　※人の胸の高さ程度のものを platform barrier と呼び分けることもある。
> ② ロングレール：continuous welded rail（CWR）

③ リニアモーターカー："magnetically levitated transportation system"
（maglev）
④ ローカル線：regional line または rural line か？

　国内で普及している鉄道用語が実は和製英語であるものがある。

　「ホームドア」は和製英語であり、英語では "platform screen door"（PSD）と呼ぶことが多い。"home door" ではない。駅の「ホーム」は英語では "platform" であり、そもそも「ホーム」が和製英語だ。日本でも地下駅で設置されているような天井まで届く壁状のものを "platform screen door"（PSD）、

図 3-10　ホームドア（platform screen door）

当社も含め多くの日本の鉄道が地上駅で採用している人の胸の高さ程度のものを "platform barrier" と呼び分けることもある。

　「ロングレール」は、"continuous welded rail"（CWR）だ。"long rail" ではない。これも和製英語といえるだろう。英語の意味は「連続した（＝切れ目のない）溶接されたレール」であり、実に技術的に正しい説明となっている。

　磁気浮上式鉄道を指す「リニアモーターカー」も、海外では通用しない和製英語だ。ただし、間違ってこのように呼ばれるようになったわけではなく、日本のシステムに付けられた呼称、いわばブランドネームといえよう。一般的に「磁気浮上式鉄道」を指す場合は、第2章2で紹介したとおり、"magnetically levitated transportation system"（maglev）を使う必要がある。

　「ローカル線」も和製英語と考えることができる。"local" は第2章10で解説したとおり、「各駅停車の」または「（特定の）地方の・地元の」の意味で、「地方部の・田舎の」という意味はない。英語では "regional line" または "rural line" ではないだろうか。

(3) 日本語と英語で意味にずれがある用語

Point

① 日本のATS（automatic train stop：自動列車停止装置）および
　　　　ATC（automatic train control：自動列車制御装置）
　→　欧州のATP（automatic train protection：自動列車防護装置）に
　　対応。
② 欧州のATS（automatic train supervision：列車運行管理システム）
　→　日本のATSとは異なるもの。

　同じ概念に対応する用語が異なる場合もあり、注意が必要だ。日本でいう"ATS"（automatic train stop：自動列車停止装置）および"ATC"（automatic train control：自動列車制御装置）に相当するシステムが、欧州では"ATP"（automatic train protection）と呼ばれており、日本語では「自動列車防護装置」などと訳される。

　逆に、同じ用語が異なる概念に対応する場合もある。欧州では"ATS"は"automatic train supervision"、つまり「列車運行管理システム」の略語だ。同じ"ATS"という略語が日本と欧州で異なるものを指す。いずれも列車の運行に関わるシステムであり、大変紛らわしいので注意が必要だ。

　さらに専門的な話になるが、ブレーキに関する表現方法も日本と海外とでは異なる。経験豊かな専門家による「上級編コラム4」・「上級編コラム5」で確認していただきたい。

Point

①「一段ブレーキ」は、海外では"one step brake"ではなく"parabolic braking"などと表現すると通じやすい。
②「常用ブレーキ」は、日本では"normal brake"だが、海外では"service brake"。service brakeは日本の「常用ブレーキ」と異なり、装置がかけるブレーキは含まない。

【上級編コラム4：「効かない！？」ブレーキの英語訳－Part I】

「ブレーキが効かない！」とは穏やかでない。しかしご心配なく。本稿はそれほど怖い話ではない。ブレーキに関する英語訳がなかなか「効かなかった」、つまり海外で説明にてこずった事例として「一段ブレーキ」を取り上げる。なおこの言葉はブレーキのかけ方の種別の一つを指すものである。こういう名前のブレーキ装置があるわけではない。

　一定の減速度を保って列車にブレーキをかけ続ければ、乗り心地よく、しかも、停止までに要する時間を最短にできる。この減速方法は列車増発、ダイヤ乱れの抑制、あるいはダイヤが乱れたあとの回復力向上に役立つ。これを国内では、日本が世界に先駆けて実用化したATCの多段減速方式（指示する速度を階段状に下げて減速させるため、減速度が変化する）の「多段」との対比で「一段ブレーキ」と呼んでいる。

　しかし経験上、これを海外向けに "one step brake" と直訳して通じたことがない。そこで新幹線ATCの歴史から説明するとたいていはわかってもらえるが、なかなかの手間ではあった。やや強引に "constant deceleration rate braking"（一定減速度ブレーキング）と言えば通じたが、一定減速度による速度曲線が放物線状になることに由来する "parabolic braking" が最も通じやすかったと感じている。海外ではこのほか「一段ブレーキ」を指す表現として "assured braking" や "brake assured" も使われている。ここで "assured" には、勾配変化など、減速度に影響するさまざまな条件が重なる実際の路線において、減速度一定で所定の位置にピタリと止めるための、確実な制御に裏打ちされたブレーキ、という意味が込められている。

　これらの通じやすかった表現例に比べて、我が "one step brake" はどうも旗色がよくない。"parabolic braking" は物理的現象をずばりと指しているし、"assured braking" は間接的だがやはりブレーキ力制御に直結した表現といえる。これに比べると「一段ブレーキ」は、過去の歴史を背負った間接的な表現だからわかりにくい。

　もっとも、同じ会議のシリーズで "one step brake" と唱え続けていると、欧米人にもニュアンスがだんだん伝わるようで、向こうの口から "one step brake" が出ることがある。そういう時にはすかさず、"Oh! You are just like a Japanese railway engineer!" とほめあげ（？）る。「一段ブレーキ」は、海外との懇親に有効なツールとして捨てたものではない。

　技術の名称にもその発達に関わる歴史が反映されており、歴史的背景がわからない海外の技術者には通じにくいという話だった。その通じにくい表現を、相手が思わず口にしてしまうまで使い続け、相手とのコミュニケーションにまで利用してしまうのは、経験豊かな専門家ならではのことだ。

【上級編コラム５：「効かない！？」ブレーキの英語訳－ Part 2】

　海外で説明にてこずった事例として「常用ブレーキ」を取り上げる。

　駅に向かって列車の速度を徐々に下げるような通常の場面では常用ブレーキを使う。事故を避けるなど緊急の場合に使用する（または自動的に作用する）「非常ブレーキ」やブレーキ系統の故障などの場合に自動的に作用する「緊急ブレーキ」に対し、通常使用されるブレーキのことである。海外向け文献ではおおむね "normal brake" と英訳されている。しかし国際会議の経験上はこの訳がすんなり通じたことがない。「壊れていないブレーキ？」という質問すらある。

　そこで常用ブレーキの作用を詳しく説明すると、「それは "service brake" のことだね」と言われる。しかし、ではいつも "normal brake" を "service brake" と言い換えればいいだけのことか、と思いきや、ことはそう簡単ではなかった。この "service" は「通常時に使うもの」の意味ではなく、「人間が担うもの」という考え方が背景にある表現だとのこと。確かに、通常の場面でブレーキをかける役割は、今でこそ ATC や ATO にもその機能があるが、鉄道の始まりから百数十年間は人間のみが担ってきた。ATC や ATO のような装置がかけるブレーキも、日本では「常用ブレーキ」に含まれるが、海外ではそうではないのだという。後述のとおり、この発想の違いが問題になる。

　現代のほとんどの列車では常用ブレーキをかけるために、常用ブレーキ指令信号をブレーキ制御装置へ入力する。運転士は運転台の装置を介してこの指令信号を発する。一方、ATC や ATO のような装置もまた、プログラムされた機能と状況に応じて同じ指令信号を発する。ここで、列車内配線図上のブレーキ指令信号線の名称の付け方には二通りある。一つは、同じブレーキ力の指令信号はすべて同じ名称にする方法であり、他方は、ブレーキ力が同じであっても指令信号を発した元によって名称を使い分ける方法である。

　ある国際規格の審議の中で、列車のブレーキのかけ方を規格に加えることでいったん合意した。ところが、この信号名称の付け方で意見が合わず、加えて、「"service brake" の名称は運転士の操作により発するブレーキ指令信号に限るべし」と譲らない参加者がいた。「装置が発する指令信号によるものは "service brake" ではない」というのである。結局、数回の国際会議を経て、共通規格化は無理だと全員でギブアップしてしまった。どの国も、長い歴史を経て国内に定着したブレーキ関係の信号名称や図面記号は変更したくない。

　列車のブレーキは世界のどこでも鉄道の最重要要素の一つだが、「常用ブレーキ」を通じて、人間と機械の役割分担の考え方や、ものごとへの命名の仕方には、国や地域間で大きな違いがあることを実感した次第である。

　鉄道技術の用語にも国や地域で異なる文化的な背景があるという興味深い論考である。

第4章
英語表現を調べる・考え出す

① 英語表現の調べ方

本書は英文用語・用例集としての体裁を取っていない。すでに鉄道に関する英文の用語・用例に関するソースは存在するため、本書は用語・用例のありかを知らせる役割に徹している。以下では英語表現を調べるのに役に立つソースやそれらの活用方法を紹介していこう。

図4-1　国際規格審議の様子

1-1　鉄道総研の「鉄道技術用語辞典」

Point

① 「鉄道技術用語辞典」は、和英・英和の辞典として活用できる。

② 技術的解説や「付図」も大いに役に立つ。

③ 複数の英語表現が示されている場合は、どれが最も適切か考える必要がある。

公益財団法人鉄道総合技術研究所（以下「鉄道総研」）による「鉄道技術用語辞典」は2016年12月に刊行された第3版が最新版だ。紙の辞書と同じ内容のものがオンラインで公開されており[1]、無料で利用できる。検索ウィンドウに日本語または英語を入力することにより、和英または英和辞典として利用できる。

それぞれの用語には丁寧な技術的解説があり、英語表現がなぜそうなるのかを理解するのに役に立つ。この辞典に示された英語表現ではあまり適切ではないと考える場合も、別

---

1) https://yougo.rtri.or.jp/dic/third_edition/searchtaiyaku.jsp

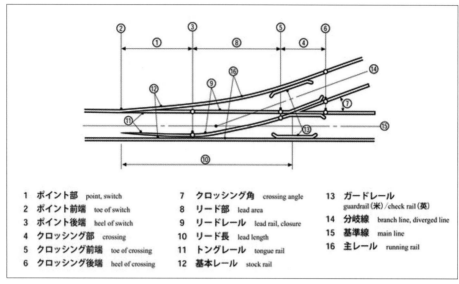

1	ポイント部	point, switch	7	クロッシング角	crossing angle	13	ガードレール	guardrail（米）/check rail（英）
2	ポイント前端	toe of switch	8	リード部	lead area	14	分岐線	branch line, diverged line
3	ポイント後端	heel of switch	9	リードレール	lead rail, closure	15	基準線	main line
4	クロッシング部	crossing	10	リード長	lead length	16	主レール	running rail
5	クロッシング前端	toe of crossing	11	トングレール	tongue rail			
6	クロッシング後端	heel of crossing	12	基本レール	stock rail			

図 4-2　「鉄道技術用語辞典」（オンライン版）の付図 18

の対案を考案する上で用語の解説は役に立つだろう。

　解説のページには、同義語や反意語へのリンクもついている。「台車」のページには、同義語である「走行装置［車両の］」、「ボギー台車」「走り装置」へのリンクがあり、これらをたどることで、これら同義語の英語表現も知ることができて便利だ。

　用語によっては、検索結果からリンクで「付図」に飛ぶことができる。たとえば、「ポイント」の解説ページから「付図 18」に飛ぶと、「分岐器各部の名称」というタイトルの「ポイント」を含む分岐器の図（図4-2）が掲載されている[2]。図には、分岐器の各部の名称が日本語・英語で併記されていて、関連する英語表現をまとめて覚えることができる。

　鉄道総研が発行する出版物 Railway Research Review（RRR）の一部の号には、「鉄道技術用語辞典より：車両と施設の名称と解説」というコーナーがある。RRR のバックナンバーはウェブで公開されており、無料で閲覧できる[3]。たとえば、「分岐器各部の名称」を含むこのコーナーは、2016 年 10 月号（Vol.73 No.10）に掲載されている。内容は、図 4-3 のとおりである[4]。「鉄道技術用語辞典」のウェブ版の「付図 18」と比べると、分岐器の図は同じだが、それぞれの用語の解説がついていて、より使いやすいものとなっている。このコーナーは、RRR の 2015 年 4 月号（Vol.72 No.4）「1　通勤電車の外観

2) https://yougo.rtri.or.jp/dic/third_edition/figure2.jsp?file_name=figure17_18.jpg（2022 年 10 月 12 日アクセス）
3) https://www.rtri.or.jp/publish/rrr/（2022 年 10 月 12 日アクセス）
4) https://bunken.rtri.or.jp/doc/fileDown.jsp?RairacID=0004006587（2022 年 10 月 12 日アクセス）

と各部の名称」から 2017 年 2 月号（Vol.74 No.2）「18 踏切保安設備各部の名称／電気転てつ機および付属品」まで 18 回にわたり連載されていた。PDF でダウンロードできるので、保存しておくと便利だ。

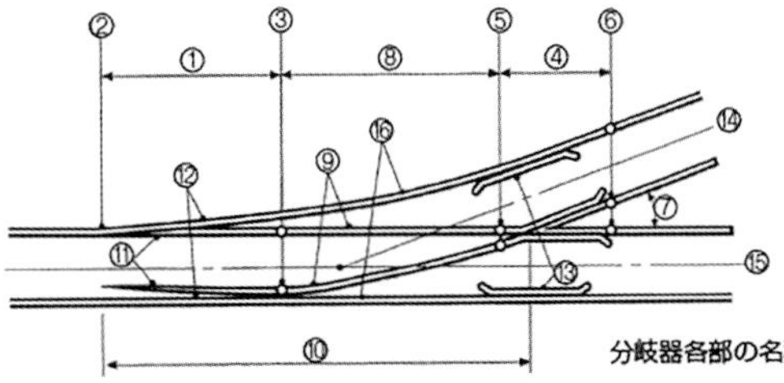

【分岐器各部の名称】

①ポイント部
英：point, switch
仏：aiguillage(m), aiguille(f), branchement(m), changement de voie(m)
独：Weiche(f)
中：道岔
　分岐器を構成する部分のうち、軌道を分ける部分。ポイントにはその後端継目構造により滑節ポイント、関節ポイントおよび弾性ポイントなどの種類がある。

②ポイント前端
英：toe of switch
仏：pointe de l'aiguille (f)
独：Weichenspitze (f)
中：道岔尖端
　ポイントのトングレール先端の位置。ただし、両トングレール先端が食い違っている場合は、分岐器前端に近い方。

③ポイント後端
英：heel of switch
仏：talon d'aiguille (m)
独：Zungenwurzel (f)
中：道岔跟端
　ポイントのトングレール後端の位置。ただし、両トングレール後端位置が食い違っている場合は、分岐器後端に近い方。

④クロッシング部
英：crossing
仏：traversée(f), coeur de croisement(m), coeur d'aiguille(f)
独：Herzstückbereich(m), Kreuzung(f)
中：轍叉
　分岐器を構成する部分のうち、軌間線が交差する部分。クロッシングは固定クロッシングと可動クロッシングに大別され、さらに使用材料および製作方法により組立クロッシング、マンガンクロッシング、溶接クロッシングおよび圧接クロッシングなどがある。

⑤クロッシング前端
英：toe of crossing
仏：bout d'entrée de croisement (m)
独：Herzstückanfang (m)
中：道岔趾端
　クロッシングのポイント側の端。

⑥クロッシング後端
英：heel of crossing
仏：talon de croisement (m)
独：Herzstückende (n)
中：道口跟部、道岔后端
　クロッシングの分岐器後端側の端。

⑦クロッシング角
英：crossing angle
仏：angle de déviation (m), inclinaison (f), angle de traversée (m)
独：Neigungswinkel (m), Weichenwinkel (m), Kreuzungsneigung (f), Kreuzungswinkel (m)
中：轍叉角
　クロッシング後端位置における二つの軌間線の接線のなす角、またはクロッシング交点における軌間線の交角。

⑧リード部
英：lead area
　分岐器を構成する部分のうち、ポイント部とクロッシング部をつなぐ部分。

⑨リードレール
英：lead rail, closure
仏：rail intermédiaire (m)
独：Zwischenschiene (f)
中：導軌
　トングレール後端とクロッシング前端とをつなぐレール。

⑩リード長
英：lead length
仏：longueur de pointe d'aiguille à pointe de coeur (f)
独：Zwischenschienenlänge (f)
中：（转辙器尖轨的）尖轨长度（从转辙器尖轨前端到交叉点的直线距离）
　トングレール先端からクロッシング交点までの、トングレール先端における基準線former基本レールの接線方向の直線距離。

⑪トングレール
英：tongue rail
仏：rail-aiguille (m)
独：Zungenschiene (f)
中：尖軌
　ポイント部に用いられる先端がとがった転換されるレール。

⑫基本レール
英：stock rail
仏：contre-aiguille (m), rail contre-aiguille (m), sommier (m)
独：Backenschiene (f), Stockschiene (f)
中：基本軌
　トングレールが接するレール。高速用分岐器ではトングレールの跳ね上がりを抑えるため、基本レール頭部のあご下を削正している。

⑬ガード
英：guard rail（米）/check rail（英）
仏：contre-rail (m)
独：Führungsschiene (f), Leitschiene (f), Radlenker (m), Schutzschiene (f), Sicherheitsschiene (f)
中：護軌
　レールに近傍して設ける車輪の誘導装置。一般にはクロッシングの軌間欠線部の異線進入およびクロッシングの摩耗を防止するためにクロッシングの横に設置されているものをいう。現在用いられているガードは、設計順序よりA形、B形、C形、F形およびH形がある。また、レール摩耗の大きい曲線分岐器等のポイント部に、トングレール先端と基本レールの摩耗を防止する目的で設置されるポイントガードがある。

⑭分岐線
英：branch line, diverged line
仏：embranchement (m)
独：Abzweigstrecke (f), Abzweigung (f)
中：道岔側線
　分岐器を構成する軌道のうち、基準線から分かれる軌道。

⑮基準線
英：main line
　分岐器を構成する軌道のうち、分岐される側の軌道。

⑯主レール
英：running rail
仏：rail principal (m)
独：Fahrschiene (f)
中：（道岔的）主軌条
　分岐器においてクロッシングとともに軌間を構成し、ガードレールが近接して取り付けられているレール。

略語：英－英語、仏－フランス語、独－ドイツ語、中－中国語
（米）－アメリカ英語、（英）－イギリス英語
(m)－男性名詞、(f)－女性名詞、(n)－中性名詞

出典：第2版鉄道技術用語辞典
　　　財団法人鉄道総合技術研究所編
　　　丸善株式会社発行
　　　（一部加筆修正しています。また外来語表記は、本誌の表記方法（1ページ下参照）に従っています。）

図 4-3 「RRR」2016 年 10 月号（Vol.73 No.10）「分岐器各部の名称」

　なお、「鉄道技術用語辞典」では、英語表現について複数の候補を示している項目も多い。たとえば、「台車」の解説ページでは、英語表現として"truck"と"bogie"が示されている。第3章2-1で紹介したとおり、"truck"はアメリカ式英語、"bogie"はイギリス式英語だが、「鉄道技術用語辞典」ではそういった説明はない。「ポイント」についても同様で、"switch"はアメリカ式英語、"point"はイギリス式英語であるという説明はない。

　このように、複数の候補が示されている場合、適当に最初に掲載されている表現を選べばいいというものではない。自分で別に一般的な英和辞典や英英辞典で調べるなどして、あるいは、本章3-1で述べるように用例を調べるなどして、どれがその状況に最も合った適切な表現なのかを考える必要がある。

　さらに言えば、「鉄道技術用語辞典」がすべての必要な情報を網羅しているわけではない。たとえば、第3章1-2では、「入れ換え」・「軌道短絡」のいずれも英語では"shunting"で表現されると説明したが、「鉄道技術用語辞典」で"shunting"を検索しても「入れ換え」の方の意味しか記載されていない。もっとも、用語の候補を表示するページでは"shunting sensitivity"をみつけることができ、日本語欄には「短絡感度［軌道回路の］」と表示されている。それで、「ああ、"shunting"には「軌道回路の短絡」の意味もあるのだな」と理解できる。

　このように、用語の候補を表示するページを丁寧に見ることで、その状況に合った英語表現を見つけることもできる。いろいろと想像力を働かせたり工夫したりすることで、「鉄道技術用語辞典」を一層有効に活用することができる。

1-2　JIS の鉄道関係規格

> **Point**
>
> ① 和文版と英文版の両方がある JIS の鉄道関係規格は、用語の英語表現を調べるのに役立つ。
> ② 用語に関する JIS の鉄道関係規格は、「対応英語（参考）」として記載された英語表現を参考にすることができる。

　JIS（日本産業規格）には、約150の鉄道関係規格があり、日本規格協会から販売されているが、そのうち約3分の1については英訳版が販売されている。したがって、英訳版がある規格については和文版と英文版の規格を購入し見比べることで、それぞれの分野

で使われる英語表現を調べることができる。各規格に対する英訳の有無は、日本規格協会（JSA）のウェブサイト[5]から確認することができる。鉄道関係規格は「E」のグループである。

　また、JISの鉄道関係規格のうち、用語に関する規格として以下のようなものがある。

　　① JIS E1001:2001　　鉄道－線路用語
　　② JIS E1311:2002　　鉄道－分岐器類用語
　　③ JIS E2001:2002　　電車線路用語
　　④ JIS E3013:2001　　鉄道通信保安用語
　　⑤ JIS E4001:2011　　鉄道車両－用語
　　⑥ JIS E4019:1999　　特殊鉄道車両用語

　これらの規格は、日本語での用語法を統一するためのものだが、それぞれの日本語の用語に対し、「対応英語（参考）」として英語での表現も記載されている。あくまでも「参考」という扱いだが、おおむね妥当な英語表現が充てられているように思われる。参考として利用するといいだろう。

1-3 国際規格

> **Point**
>
> 　国際規格に記載された用語や定義を調べることで、鉄道に関する適切な英語表現を知ることができる。

　第1章2-2および同章3-1で述べたとおり、世界の鉄道関係者の間では、国際規格で定義された用語や統一的に用いられる英語表現が使われることになる。したがって、関連する国際規格を確認することで、文脈に合った適切な用語を調べることができる。

　鉄道に関する主な国際規格としては、以下のようなものがある。（欧州内の規格および国際的な業界規格を含む。）

5）https://webdesk.jsa.or.jp/books/W11M0220/

鉄道に関する主な国際規格

国際規格の内容	概要	規格を作成する機関
ISO 規格	世界的な規格 （電気関係以外）	ISO（International Organization for Standardization：国際標準化機構）
IEC 規格	世界的な規格 （電気関係）	IEC（International Electrotechnical Commission：国際電気標準会議）
EN 規格 （電気関係以外）	欧州内の規格 （電気関係以外）	CEN（Comité Européen de Normalisation：欧州標準化委員会）
EN 規格 （電気関係）	欧州内の規格 （電気関係）	CENELEC（Comité Européen de Normalisation Electrotechnique：欧州電気標準化委員会）
IRS（International Railway Solution）	世界的な業界規格	UIC（Union Internationale des Chemins de Fer：国際鉄道連合）

　さまざまな国際規格をまとめて検索し、必要なものをダウンロードできるサイトとしては、たとえば、BSI（British Standards Institution：英国規格協会）が運営する BSOL（British Standards Online）[6] がある。用語を入れて検索すると、その用語を使っている規格のリストが表示され、必要なものをダウンロードできる。有料サービスなので、会社で契約して社員が利用できるようにすることになるだろう。

　国際鉄道連合（UIC）が発行する世界的な業界規格である IRS は、UIC の関連企業である ETF のサイトから購入できる[7]。

　ISO および IEC の検索システムもある。

　ISO は、Online Browsing Platform（OBP）という検索システムを運営している[8]。このシステムでは、"Terms & Definitions"（用語と定義）にチェックし用語を入れて検索すると、その用語を含む表現が候補として複数表示され、各候補に対する定義の文章も表示される。

　ISO による OBP で用語の定義を調べてみよう。たとえば、"Terms & Definitions"（用語と定義）にチェックし、"trainset"（列車の編成）で検索すると、"trainset" そのものがヒットする。説明を読むと、ISO の規格 ISO 20138-1 で "fixed formation unit that can operate as a train"（列車として運行することができる固定された組成の単位）と

6）https://bsol.bsigroup.com/
7）https://www.shop-etf.com/
8）https://www.iso.org/obp/

定義されていることがわかる。

　OBP は、IEC の用語もカバーしている。たとえば、"traction motor"（主電動機）で検索すると、"traction motor" を含む複数の表現が表示される。このうち単なる "traction motor" の項の説明を読むと、IEC の規格 IEC 60050（後述）で "electric motor driving one or more axles"（一つまたは二つ以上の車軸を駆動する電気モーター）と定義されていることがわかる。

図 4-4　ATS（automatic train stop）

　IEC は、ISO とは違ったタイプの検索システム "Electropedia" を持っている[9]。

　Electropedia は、IEC 60050 シリーズと呼ばれる IEC の規格「国際電気技術用語集」をウェブで検索できるようにしたものである。たとえば第 3 章 2-3 (3) で述べた欧州の ATP（automatic train protection：自動列車防護装置）と日本の ATS（automatic train stop：自動列車停止装置）との関係について、Electropedia で調べてみよう。検索ウィンドウに "automatic train protection" を入れて検索すると、IEC の用語集 IEC 60050 で "automatic train protection system" が "system using information of signal aspects, track speed limits, train speed supervision and driver reactions to prevent automatically a train passing a danger point (such as a signal at danger) or exceeding speed restrictions" と定義されていることがわかる。この内容からは、欧州の ATP が日本の ATS の機能を含むものであることが理解できる。

　こうした国際規格での定義を知ることで、鉄道用語の英語表現をより的確に使いこなせるようになるだろう。

1-4　参考になる和文付き英文資料

> **Point**
>
> 　和文・英文がセットになった資料を見比べながら読むことで、鉄道用語を学ぶことができる。

────────────────────────

9) https://www.electropedia.org/

　専門家が鉄道について書いた資料を読むことは、鉄道用語を学ぶ早道である。しかし、和訳のついていない資料は少しハードルが高いと感じる方もいるだろう。その場合は、まずは和文・英文がセットになっており、両方を見比べながら確認できるテキストから入るという方法もある。

　たとえば、鉄道総研から発行されている『わかりやすい鉄道技術』は、①土木編、②電気編、③車両編・運転編の3冊からなるが、どれも一般社団法人海外鉄道技術協力協会から英語版として"Fundamental Technology for a Successful Railway"のシリーズが発行されている。また、一般社団法人海外鉄道技術協力協会からは、和文の『これからの海外都市鉄道　－計画、建設、運営－　KISS-RAIL 2.0』とその英文版 "Urban Railways for Tomorrow – Planning, Construction and Operation - : KISS-RAIL 2.0" が発行されている。これらを和文・英文を比較しながら読むことで、英語の用語や表現を確認することができる。

　当社は、社外向けの技術論文誌"JR East Technical Review"をウェブ上で無料公開している。第40号までは英文でも同じ内容を公開している[10]。これも、「和文付き英文資料」として、用語や表現の確認に活用していただけるかもしれない。

　また、JR東日本グループの経営ビジョン「変革2027」[11]その他経営全般に関係する資料も和文・英文の両方をウェブで公開している。鉄道事業に関する一般的な内容に関する英文用語や表現の確認に使っていただけるが、英訳が正確でない部分もあるので、各自の責任で活用していただきたい。

　その他、国内の鉄道関連メーカー等のウェブサイトで、和文の内容を英文でもそのまま公開しているものは、用語等の確認に活用できる。ほかにもよい例があると思うが、たまたま目に付いたものとして、以下の二つだけを紹介しておく。

① 川崎車両株式会社　和文：https://www.khi.co.jp/rail/
　　　　　　　　　　　英文：https://global.kawasaki.com/en/mobility/rail/index.html
② 株式会社京三製作所　和文：https://www.kyosan.co.jp/
　　　　　　　　　　　英文：https://www.kyosan.co.jp/english/

---

10) 和文：https://www.jreast.co.jp/development/tech/
　　英文：https://www.jreast.co.jp/e/development/tech/
11) 和文：https://www.jreast.co.jp/investor/moveup/
　　英文：https://www.jreast.co.jp/e/investor/moveup/

1-5 外国の用語集など

Point

① 外国の用語集やリーフレット類も、英語の用語や表現を確認するために活用できる。

② 用語集などの資料は検索によって簡単に見つけることができる。

　外国で作成され、使われている用語集やリーフレット類も、英語の用語や表現を確認するには有益である。和訳がついていないと心配な方も多いかもしれない。しかし、鉄道に関わる仕事をしていると、鉄道に関する内容なら意外に理解できるものだ。

　用語集の類を探すことはそれほど難しくない。英語では「専門用語」は "terminology"、「用語集」は "glossary" という。したがって、Google で「railway terminology」、「railway glossary」などで検索すればいくらでも出てくる。イギリス、インド、オーストラリア、ニュージーランドなどいろいろな国のものが見つかるはずだ。特定の国のものを調べたければ、「railway glossary India」などと検索すれば、その国のものにヒットする。用語集の作成主体もさまざまで、鉄道会社のほか、大学などの研究機関、鉄道ファンが作ったものもある。

　どの用語集を信用したらいいのか悩むかもしれないが、一応は政府など公的機関が作ったものを信用すればいいのではないだろうか。イギリスに関しては、"Rail Safety and Standards Board"（イギリス鉄道安全標準化委員会）という機関が "Glossary of Railway Terminology" という用語集を作成し公開している[12]。RSSB は鉄道に関する研究等を任務とする公的機関で、日本の鉄道総研に似ている。とりあえずはこれを参考にしてはどうだろうか。

　インドに関しては、検索すると "Glossary of common terms in use in Railway Statistics" という用語集がヒットするが、インド国鉄のどの組織が公開しているものかがよくわからない。一方、第 3 章 2 - 2 (2) で紹介したように、鉄道ファン団体 Indian Railways Fan Club のサイトが用語に関する豊富な情報を提供している[13]。どこまで内容に信頼を置いていいのかは不明だが、参考にしてもよいかもしれない。

---

12) ウェブサイトに登録すると以下のページから無料でダウンロードできる。
　　https://www.rssb.co.uk/standards-catalogue/CatalogueItem/GERT8000-Gloss-Iss-5
13) https://www.irfca.org/faq/faq-jargon.html

　UIC（国際鉄道連合）は、"RailLexic Online" というオンラインの用語辞典サービスを有料で提供している[14]。約12,000語が登録され、23言語での利用が可能だ。用語の検索を行うと、定義のほか "Usage Status"（使用状況）として、規格で規定されているものは "standardized"（規格化済み）と表示され、どの規格に規定されているかが表示される。

② 辞典にない用語を工夫して表現する

　本章ではこれまで、「正しい」または「適切な」英語表現は何か、また、どのように探せばいいかについて述べてきた。しかし、一般的な鉄道の英語表現ではないために、辞典や既存の用語集などを探しても見つからないものもある。社内で使われる業務用語などがそれだ。以下では、当社のグループ会社のある海外鉄道プロジェクトの中で、当社の鉄道業務に関する資料を作成する際、当社の業務に関わる用語で辞書などにはないものを、どのように工夫して表現したかを解説する。

2-1 組織や業務に関する部内用語

Point

① 運輸区：train crew depot（乗務員の基地）

② 当直：train crew management office（乗務員の管理を行う部署）

③ 系統：division（部門）

④ 英語から日本語に戻してみると、正しい英語表現になっているかよくわかる。

⑤ 字面にとらわれず、本来の正しい意味を表す言葉を選び、用語表現を「作る」。

　当社では、乗務員（運転士および車掌）が所属し業務の拠点とする組織を「運輸区」と呼んでいる。一般の方にわかりやすくいえば「乗務員の基地」ということになるだろう。これは、"train crew depot" と呼ぶことにした（第2章7①でも紹介済み）。

14）https://uic.org/support-activities/terminology/

　本書の目的は、「train crew depot：運輸区」という表現を紹介し、覚えてもらうことではない。そうではなく、なぜ「運輸区」を"train crew depot"と呼ぶことにしたのか、その思考プロセスを明らかにし、用語表現を「作る」ノウハウをお伝えしたい。

　「運輸区」は「鉄道技術用語辞典」には掲載されていない。もちろん、一般的な和英辞典にもない。Google 翻訳にかけてみると、"transportation zone"となった。この英語表現は、日本語に戻すと、「運送区域」のような感じになるだろう。宅配便の支店の配達範囲のようだ。ためしに"transportation zone"でフレーズ検索（完全一致検索）してみると、海外のスクールバス通学に関係する文章などが出てきた。

　「運輸区」が辞典にないのは、当社の内部組織の名称だから、当然ではある。当社は、本社の組織などは英語名称を定め、ウェブサイトに掲載した組織図でもそれを使っている。しかし、「運輸区」のような現場の組織についてまですべて英語名称を決めているわけではない。したがって、「運輸区」の英語表現を作る必要がある。

　単純に「運輸（transportation）」と「区（zone）」を合わせると、Google 翻訳の結果のように"transportation zone"となるが、これでは意味をなさない。

　こういう時は、「運輸」や「区」といった言葉のパーツをいったん離れ、「運輸区とは何なのか」を考える。「運輸区」とは「乗務員の基地」である。「乗務員」は"crew"だ。"train"をつけて"train crew"とすると列車の乗務員であることがわかり、もっと意味が明確になる。「乗務員」の「事務所」だとすると、"train crew office"でいいかもしれない。しかし、鉄道の世界では車両または乗務員の基地を"depot"と表現する用法がある。それで、「運輸区」を"train crew depot"と表現できる。（車両基地のことなら"rolling stock depot"となる。）

　"train crew depot"は Google のフレーズ検索をかけると、「乗務員の基地」の意味で使われているらしい英文の用例が多数出てくる。また、画像検索に切り替えると、鉄道の乗務員たちや彼らの詰所らしい建物の写真が見られる。この英語表現で大丈夫そうだ。

図 4-5　乗務員の基地「運輸区」

　ポイントは、日本語の字面、つまり、文字の表記が与える印象にとらわれないことである。できあがった"train crew depot"を眺めても、"train crew"は「運輸」ではないし、"depot"は「区」ではない。しかし、文字上の見た目は全然違うものになっても、本来の正しい意味を表すことができればそれでいいのだ。

図4-6 当直での点呼の様子

さて、運輸区には、「当直」と呼ばれる部署がある。乗務員の乗務開始・終了時等の点呼や注意事項の伝達などを行うところだ。これについても英語表現を考える必要があった。これは、"train crew management office" と呼ぶことにした。

「当直」は一般的な辞典で引くと、"duty" などが出てくる。Google 翻訳では "on duty" だった。この "duty" は病院の「当直医」などで使う「当直」の意味で、交代制勤務で当番を務めていることだ。"duty" から逆に日本語に戻すと、運輸区の「当直」の意味にはそぐわない。そこで、運輸区の「当直」とは何をするところかと考える。「乗務員の（業務の）管理を行うところ」といってもいいだろう。そこから英語の言葉を当てて "train crew management office" とした。

そのほか、当社では、運転、車両、（線路の）施設、電力、信号通信といった業務の部門のことを「系統」と呼んでいる。この「系統」をどう英語で表現するかも問題になった。辞典では「系統」はいろいろな英語表現に対応している。"system" が最初に出てくるが、これは「電力系統：power system」、「神経系統：nervous system」などの「系統」である。"route" もあるが、バスの路線の「系統」のことだ。"lineage" なら「家系」の意味だ。いろんな英語表現の候補があるが、どれもぴったりこない。

それでいったん「系統」のことは忘れて、いったい何を言いたいのだろうと考えると、要は「部門」のことなのだ。であれば、"division" とか "department" でいいだろう。いろいろ検討した結果、"division" にした。

「運輸区」、「当直」、「系統」を例に説明してきたが、どれもなかなかの応用問題だ。ポイントは二つある。まず、Google 翻訳などで提案される英語表現が本当に正しいのかよく考えないといけない。英語から日本語に訳し戻してみると、正しい英語表現になっているかよくわかる。次に、字面にとらわれず、本来の意味は何かを考え、その正しい意味を表す言葉を選び、用語表現を「作る」必要がある。

2-2 運転に関する用語

> **Point**
>
> ① 延長運転：extension of train operation section（運転区間の延長）
> ② 復活運転：restoration of cancelled train operation（取り消された列車運行の復活）
> ③ 新在直通：through operation between the Shinkansen and conventional line sections（新幹線と在来線の直通運転）

　運転に関する英語表現についても、いろいろと工夫した。社内用語は、縮められて符号のように簡単になったものが多いので、言葉を補って説明する必要がある。

　まず、「延長運転」である。これは、ダイヤ混乱時の運転整理（運転計画の変更）の中で、ある列車の終点を本来の終点より遠方に変更することだ。具体的には、東京発小田原行の列車を熱海行に変更するといった変更を指す。この言葉は Google 翻訳では "extended operation" となる。この英語から日本語に戻すと確かに「延長運転」だが、これでは何が延長されたのか明確ではない。表現したい内容は、「運転区間の延長」なのである。したがって "extension of train operation section" とした。

　次に「復活運転」である。これは、同様に運転整理の中で、いったん運休にすると決定した列車を、決定を変更してもとのダイヤどおり運行させることである。当社内では縮めて「カツテン」と呼ばれている。この言葉は Google 翻訳では "resurrection operation" となった。確かに日本語に戻すと「復活運転」だが、やはりこれでは何が復活するのかわからない。「取り消された列車運行の復活」なので、"restoration of cancelled train operation" とした。これで何をするのか明確になっている。

　最後に「新在直通」だ。「新幹線と在来線の直通運転」を縮めた言い方だ。現在、新幹線を運行する日本の鉄道事業者は全部で 5 社あるが、この用語の英訳で悩まなければならないのは山形新幹線・秋田新幹線を運行する当社だけである。これは、"through operation between the Shinkansen and conventional line sections" とした。

　まず「直通運転」は、"through operation" を使うのが妥当だろう。"through" は「〜を通って」の意味の前置詞ではなく、「直通の」の意味の形容詞だ。「直通列車」なら "through train" または "through service" といえる。当社は 2019 年に相模鉄道（以下「相鉄」）との相互直通運転を開始したが、「相鉄線直通列車」は英語では "through" を

使って "through service to the[15] Sotetsu Line" と呼んでいる。

　次に「新在」つまり「新幹線と在来線の（間の）」の部分だ。「AとBの間の」は "between A and B" だが、問題はAとBに何を入れるかだ。"between the Shinkansen and conventional line" とすると、新幹線と在来線が相互乗り入れをしている、つまり在来線の車両も新幹線の区間を走るとも受け取られるかもしれないと考えた。そうではなく、山形新幹線であれば「つばさ」が「新幹線の区間」と「在来線の区間」を通して走るのだ。そこで、列車が「新幹線の区間」と「在来線の区間」を直通するイメージを表現するために "between the Shinkansen and conventional line sections"（"between the Shinkansen section and conventional line section" の意味）とすることにした。

　こうして「新在直通」は "through operation between the Shinkansen and conventional line sections" と英語で表現することになった。これだけの内容をたったの四文字で表せる漢字の造語力は本当にすばらしい。

　社内でしか使わない業務用語は、当事者である会社が工夫して英語表現を考えないといけない。そのときは、事情を知らない海外の方にも内容が正しく伝わるようにどう表現するか、知恵を絞ることになる。

2-3 新幹線施設の保守に関する用語

> Point
>
> ① 作業時間帯（作時帯）：<u>maintenance</u> work time（<u>保守</u>作業のための時間帯）
> ② 運行時間帯（運時帯）：<u>train</u> operation time（<u>列車</u>運行のための時間帯）
> ③ 確認車：<u>safety</u> confirmation car（「<u>安全</u>確認車両」の意味）
> ④ 用語は言葉を補って丁寧に書いた方がよい。

　新幹線の軌道や電車線路の施設の保守作業は、作業の安全を確保するため、夜間の列車が一切走行しない時間帯にき電（列車運行のための送電）を停止して集中して行う。つまり、列車の運行を行う「運行時間帯（運時帯）」と「作業時間帯（作時帯）」を明確に区分している。このような独特のシステムを説明するための英語表現が必要になる。

15）駅や車内スクリーンの表示では略記のため "the" は省略されているが、文章表記では必要である。構内放送等では "the" が入っている。

　まず、「作業時間帯（作時帯）」は、その
まま「作業」、「時間帯」を英語に置き換え
ると "work time" だが、これは何をする時
間帯なのかわからない。それで、「保守」を
表す "maintenance" を入れて "maintenance
work time"（保守作業のための時間帯）と
した。

図4-7　確認車（safety confirmation car）

　次に、「運行時間帯（運時帯）」は、淡々
と英語に置き換えると "operation time" となるが、"train" を補い "train operation
time"（列車運行のための時間帯）として意味をより明確にした。

　なお、夜間の保守作業が終了し作時帯から運時帯に移行する際には、「確認車」と呼ば
れる業務用車両（図4-7）を走行させ、作業や工事に使用された工具など運行に支障とな
るものが線路内に残されていないかなどを確認する。この「確認車」の英語表現は、その
まま英語に置き換えると "confirmation car" だが、"safety confirmation car"（安全確
認車両）として意味をはっきりさせた。

　このように、業務関係用語の日本語表現は、省略した形になっていることが多いが、英
語表現はそれ自体で意味が通じるように書く方がよい。海外鉄道ビジネスでは混同や誤り
が生じないよう、用語は言葉を補って書く方がいいだろう。

　以上、当社のグループ会社が工夫して英語表現を作った事例を紹介した。これらは、当
社が採用した公式訳ということではないし、ましてや、国内のすべての海外鉄道ビジネス
に携わる関係者が統一表現として活用できるものでもないだろう。あくまでも一つの海外
鉄道プロジェクトの中で統一的に使用することになった英語表現である。工夫して用語を
作る方法の例として参考にしていただければ幸いである。

③　英語検索ツールの活用

　英語の文章を書く上で、その時々の状況や文脈に合った適切な英語の用語や文章表現を
見つける上で、オンラインの英語ツールは強い味方だ。具体的な活用例を示しながら説明
しよう。ここでは、Google 検索の活用を念頭に進めていく。ポイントは、翻訳ではなく
検索のツールとして Google を活用することだ。

3-1 検索で鉄道用語を確認

Point

① Google は翻訳に使うのではなく、検索して英語表現の用例を調べるために使う。
②「“　”」（引用符）で囲んでフレーズ検索（完全一致検索）をする。
③ 画像検索は英語表現を確認するのに非常に有効。

鉄道に関する辞書や用語辞典では複数の表現が記載されている。また、複数のソースに当たると、同じ日本語表現に対して異なる英語の用語・表現が対応することがある。さらに、適切な英語表現は文脈によって変わるため、示された用語・表現がどうもしっくりこないこともある。

そんな場合には、Google で確認してみよう。翻訳ではなく、検索機能で用例を調べるのだ。「単線」を「鉄道技術用語辞典」で調べると、“single line” と “single track” の二つの表現が示されている。和英辞典で調べても両方がでている。どちらがいいか。

こんな時は、まず、前後に引用符（「“　”」のこと。「ダブルクォーテーション」という。）をつけ、検索ウィンドウに「“single line”」と入れて検索する。この検索方法は「フレーズ検索」（または完全一致検索）といい、複数の単語がそのままの語順で使われている用例を検索することができる。

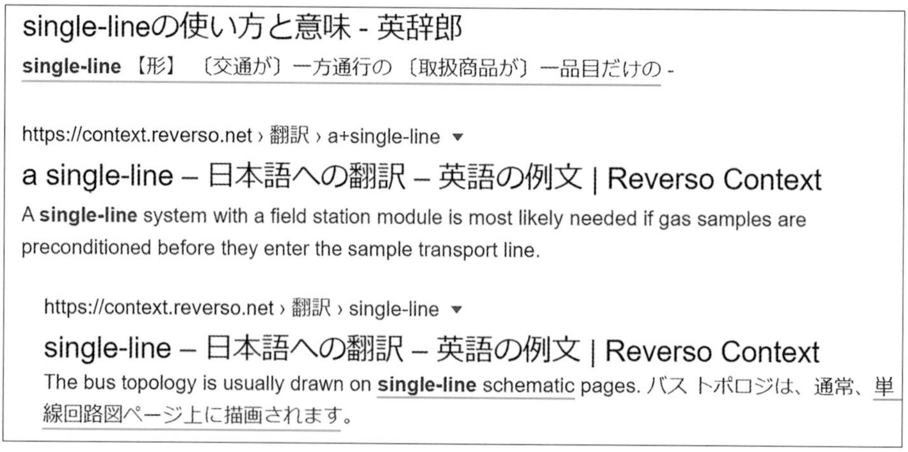
single-lineの使い方と意味 - 英辞郎
single-line 【形】〔交通が〕一方通行の〔取扱商品が〕一品目だけの -

https://context.reverso.net › 翻訳 › a+single-line ▾
a single-line – 日本語への翻訳 – 英語の例文 | Reverso Context
A **single-line** system with a field station module is most likely needed if gas samples are preconditioned before they enter the sample transport line.

https://context.reverso.net › 翻訳 › single-line ▾
single-line – 日本語への翻訳 – 英語の例文 | Reverso Context
The bus topology is usually drawn on **single-line** schematic pages. バス トポロジは、通常、単線回路図ページ上に描画されます。

図 4-8　「“single line”」での検索結果の一例。鉄道に関係のない用例が含まれている。（2022 年 3 月 30 日検索。以下同じ。）

ーズ検索の結果では、"single" と "line" がこの語順に並んでいる部分を含む
〜〜〜多数現れる。しかし、鉄道に関係のない用例がずいぶんと含まれている
〜〜〜線部のとおり）。

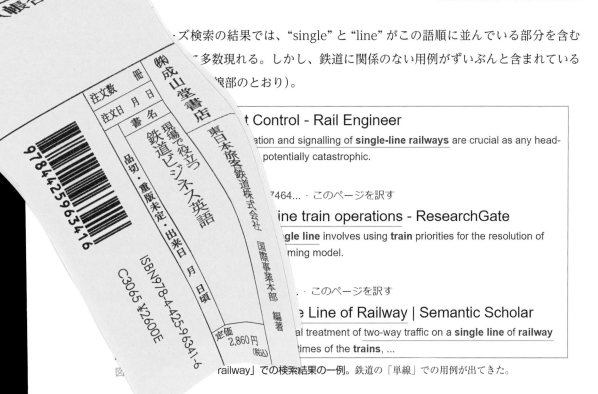

t Control - Rail Engineer
...ation and signalling of **single-line railways** are crucial as any head-
... potentially catastrophic.

...7464... · このページを訳す

...line train operations - ResearchGate
...**gle line** involves using **train** priorities for the resolution of
...ming model.

... · このページを訳す

...e Line of Railway | Semantic Scholar
...al treatment of two-way traffic on a **single line** of **railway**
...times of the **trains**, ...

図〜〜〜 railway」での検索結果の一例。鉄道の「単線」での用例が出てきた。

そこで、検索ウィンドウに「"single line" railway」と入れて再び検索すると、"single line" と "railway" を同時に含む文章が検索結果に現れる（図4-9）。これで鉄道に関係のある用例に絞り込まれた。このケースでは、246万件の用例があったと表示されている。用例をざっと眺めてみると、"single line" は確かに「単線」の意味で使われているようだ。

そのまま画像検索に切り替えてみても、単線の鉄道の画像が多く出てくるので、"single line" で間違いないと確証を持つことができる（図4-10）。

さて、今度は検索ウィンドウに「"single track"」と入れて検索してみよう。やはり鉄道に関係のない用例が多数出てくるので、もう一度「"single track" railway」で検索し直す。そうすると、"single track" と "railway" を同時に含む用例130万件に絞り込まれた。用例を眺めると、"single track" は「単線」の意味で使われていることが確認できる。

そして、画像検索に切り替えると、やはり単線の線路の画像が多数見られる。"single track" もよく使われているようだ。

この一連の作業でわかることは、"single line" も "single track" も実際に英語の文章で使用されていること。つまり、正しい英語なのだろうと推測されることだ。

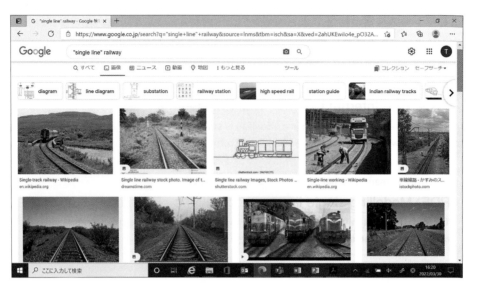

図4-10　「"single line" railway」での画像検索結果の一例

　一方で、「"single line" railway」での検索結果が246万件、「"single track" rail-way」での検索結果が130万件だったので、"single line" を使った方がヒット件数が多い。しかし、"single track" も間違いではなさそうなので、こちらを使っても構わないはずだ。

　どちらでもいい場合、どちらにするかはその場の状況にもよる。たとえば「本線」は "main line" でも "main track" でもどちらでも OK だが、なんらかの理由で "main track" を当てた場合、統一性を持たせるために「単線」も "single track" を選ぶ必要があるだろう。もちろん、ビジネスのカウンターパート側の慣例や好みもあるかもしれないので、しっかりと相談して決定する必要がある。

　ここでは、フレーズ検索の活用方法を紹介した。この方法の利点は、「実際に使われている」ことが確認できることだ。フレーズ検索で調べた結果は、「本当にこのように表現することが多い」ことの証明なので、一般的な表現として安心して使える。

　画像検索は用語を調べるための強力なツールである。上記の例でも、画像検索に切り替えてみたことで、結果はさらに明確になった。他の画像検索の活用例も紹介しよう。

　たとえば、「なべねじ」はどういうものか知っていても、その英語表現がわからなかったとする。和英辞典で調べると "pan head screw" が出てきた。これでいいのか不安だ。念のため、画像検索をかけると、それらしい画像が出てきた（図4-11）。これで、この英語表現で大丈夫だと確信できる。

　Google は翻訳に使うのではない。Google は用例を検索するために使うということを

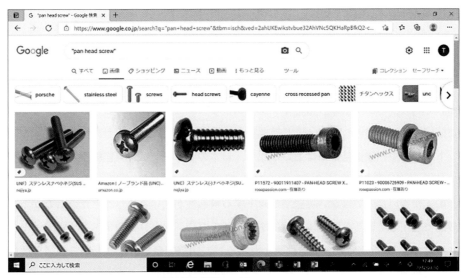

図 4-11　"pan head screw" での画像検索結果の一例

覚えておきたい。この際、「引用符（ダブルクォーテーション）」を使って「フレーズ検索」をするというテクニックが有効だ。さらに、"single line" と "single track" の事例では、鉄道に関係する用例に絞り込むために、"railway" を足して検索してみた。このように「ちょっと足して検索する」という技も覚えておきたい。"train" を「ちょっと足す」ことでうまくいく場合もあるだろう。

3-2　どの Google の検索サイトを使えばよいか？

> Point
>
> 英語表現を調べるための Google の検索サイトは、イギリス版がおすすめ。

　検索する際には、どの Google 検索のサイトに行くかという問題もある。Google 検索のサイトは、日本国内でアクセスすると日本版のサイトにつながる。実は Google 検索のサイトは各国ごとのバージョンがあり、英語を母語とする国だとイギリスのサイト、アメリカのサイトがある。それぞれの URL は次のとおりだ。

日本のサイト	www.google.co.jp
イギリスのサイト	www.google.co.uk
アメリカのサイト	www.google.com

　それぞれの国のサイトは、日本でアクセスすると画面は日本語で表示されるので、ほとんど区別がつかない。しかし、同じ英語表現で検索しても、それぞれの国のサイトが多くヒットするので、検索結果には違いが出る。日本のサイトでは、英語表現で検索しても日本のサイトが英語で発信しているものが多くヒットする傾向がある。つまり、「ネイティブ」の人が書いたのではない英語がヒットする可能性が高いということだ。したがって、世界的に通用している英語表現の用例を調べるのなら、イギリスやアメリカのサイトで検索すべきである。第3章2-1で説明したように、国際社会で広く使われる鉄道英語はイギリス式英語が基本になっているので、特に鉄道関係の用語であればイギリスのサイトで検索して用例を調べることをおすすめする。ブラウザーの「お気に入り」に設定しておくと便利だ。

　さらに、イギリスのサイトまたはアメリカのサイトだけを検索する場合には、検索ウィンドウに「site:uk」または「site:us」を入力するといい。たとえば、イギリス式英語の"train guard"（車掌）（第2章8-1参照）がアメリカのサイトでどれくらい使われているかを調べるには、「"train guard" site:us」で検索する。画像検索にするとわかりやすい。脱線防止のために線路の内側に設置する「ガードレール」の写真などが出てきて、車掌らしい写真もあるがわずかである。イギリスのサイトだけで調べるには「"train guard" site:uk」で検索する。画像検索にすると、明らかに車掌らしい人物の写真が多数出てきて、イギリスでは"train guard"が広く使われているらしいと見当がつく。後は文章の検索に戻してどのような文章の中で"train guard"が使われているか確認するといい。この方法は、イギリス式英語とアメリカ式英語の違いを知るのに役に立つ。

3-3　検索で文章表現を確認

Point

① フレーズ検索（完全一致検索）で、文章の英訳結果が正しいかチェックできる。

② ワイルドカード検索（穴埋め検索）とフレーズ検索（完全一致検索）を組み合わせれば、実際の使用例に基づいて英語表現を絞り込み、特定できる。

　日本語から英訳された文章が英語表現として正しいかどうかのチェックにも Google 検索は役に立つ。

　まず、フレーズ検索（完全一致検索）の活用法を紹介しよう。たとえば、翻訳会社が「～する装置を設けるものとする」という日本文の表現を "device shall be provided that ～"（第 5 章 2-5 で紹介）と翻訳したとする。これで正しいのか確証が持てない場合、どうするか。（実際、筆者も初めて見たときは、変な語順だなあと思った。）"device shall be provided that" をそのまま引用符つきでフレーズ検索をかければよい。そうすると、このフレーズを含む文章が多数ヒットする。筆者が検索した時には、たとえば、"A device shall be provided that will automatically shut off the fuel supply to the engine immediately if（以下略）" という文章を発見できた。「もし～だったら直ちにエンジンへの燃料供給を自動的に遮断する装置を設けるものとする」という意味だろう。こうして、確かに用例があるということで、この英語表現が正しいと確証を持つことができる。

　ワイルドカード検索（穴埋め検索）もうまく活用すると役に立つ。Google 検索機能の一つで、何が入るのかわからない部分に「*」（アスタリスク）を入れて検索すると、その部分を埋めた英文を検索結果として表示してくれるものだ。

　たとえば、「非常ブレーキをかける」の「かける」は英語では "apply" と表現することが多い。（この "apply" は第 5 章 2-6 の例文にも登場する。）もし、この「かける」を英語で何というかわからない場合、Google のワイルドカード検索で調べることができる。検索ウィンドウに、たとえば「"train driver * emergency brake"」（引用符で必ず囲む。）と入力して検索すればいい。"train" や "emergency" といった言葉を少し足すのは、鉄道での文脈に用例を絞り込むためのテクニックである。

　筆者が検索すると、検索結果には、"train driver applied emergency brake"、"train driver hit emergency brake"、"train driver pulled emergency brake" といった表現が表示された。「かける」は "apply"、"hit"、"pull" といった動詞を当てればいいらしいと判明した。この三つに候補を絞り込み、今度はフレーズ検索で、① "train driver applied emergency brake"、② "train driver hit emergency brake"、③ "train driver pulled emergency brake" を検索してみた。筆者による検索では、①は 600 件以上がヒットしたが、②と③のヒット数は一桁しかなかった。したがって、①の "apply" が広く世界的に通用している表現であることがわかる。（なお、"applies"、"hits"、"pulls" と現在形でのヒット数は、それぞれ約 150 件、一桁、0 件だった。）

　実は、この "apply" は Google 翻訳で「ブレーキをかける」で検索すると "apply the brakes" と出てくる。また、英和辞典で "brake" を引くと例文に "apply brake" があることが多い。したがって、ワイルドカード検索を使わなくても答えにたどりつくことができる。しかし、ワイルドカード検索は、上記のようにフレーズ検索とあわせて使うことで、いわば複数の容疑者を洗い出し、さらに絞り込むことができる。辞典や Google 翻訳で調べるのと比較すると、実際の使用例という「動かぬ証拠」で確実に真犯人を突き止めることができる。その意味では、より信頼性が高い方法である。また、辞典や Google 翻訳で答えが見つからない時の手段としても有効である。

　翻訳ツールとしての Google は和英辞典と違い、文章を打ち込んでもまるごと英訳してくれるので一見便利だ。しかし、趣旨が明確に書かれたわかりやすい文章以外では、Google 翻訳は歯が立たない。社内規程のような、業務内容を知っている社員でないと読みづらいような文章は、少なくとも対応できない。加えて、会社の機密保持の観点からのリスクもある。

　繰り返しになるが、英語表現を調べる時は、Google は翻訳ではなく、検索ツールとして使うべきだ。日本語ではなく英語をウィンドウに入力して使うことで、Google は強力な味方となる。

　なお、Google 検索のさまざまな使い方については、『Google 英語勉強法』（藤田英時、2011 年、日本実業出版社）が詳しい。

第 5 章
鉄道ビジネス英語の文章表現

① 正しく伝わる文章を書く

　本章では、鉄道に関わる技術的な内容を英語の文章で表現する方法について考える。

　目指すものは、「正しく伝わる文章」である。ビジネスで必要なコミュニケーションを行うことが目的なので、必ずしも美しく洗練された文章を書く必要はない。意味が通じればいい。しかし残念ながら、当社で新たに海外ビジネスに関わるようになった社員も含め、慣れていない人は意味が通じない英語の文章を書いてしまうことが多い。

　以下では、「意味が通じる」、つまり「正しく伝わる」英語の文章を書くためにはどうすればいいか、当社またはグループ会社の経験を踏まえながら、考え方を整理する。

1-1 「旧車」は old car ？

> **Point**
> ① 「使用歴のある車両」の意味の「旧車」：× old car　○ used car
> ② よく意味内容を考え、それにふさわしい英語表現を選ぶこと。日本語の字面につられないこと。また、英語から逆に日本語に戻して考えること。

　当社のグループ会社が、当社の鉄道車両の検査の仕組みについて外国の鉄道事業者に説明するための資料を作っていた。その中で、「新車・旧車を問わず、検査周期は同じである」という文章を英語に訳す必要があった。「新車」は "new car" でいいだろう。問題は「旧車」だ。

　ここでの「新車」は、「使用歴のない車両」のことで、「旧車」は「使用歴のある車両」のことだ。この「旧車」を "old car" にしてしまうと、「年数がたった車両」または「旧型の車両」のようになってしまう。意味内容を考えると、「旧車」は「すでに使用されている車両」なので、それを表すには "used car" がいいだろうということにした。

　"used" は「使用済みの」という意味で形容詞として使われる。たとえば自動車の「新

車」は "new car"、「中古車」は "used car" という。（ちなみに、「使用済みの切符」なら "used ticket" といえる。）「中」・「古」・「車」を一文字ずつ置き換えて "middle old car" などといっても通じない。日本語の字面につられてはいけない。意味内容を考えることが何よりも重要だ。

また、"old car" でどうかな、と思いついたら、"old" を英和辞典で調べてみるといい。多数の意味があり、「年老いた」、「古い」、「古びた」などが目に付くが、「使用済みの」という意味はないようだ。英語表現の候補案を思いついたら、その英語表現から逆に日本語に戻して考えてみれば、それが正しそうかどうかは見当がつく。

よく意味内容を考え、それにふさわしい英語表現を選ぶこと。日本語の字面につられないこと。また、英語から逆に日本語に戻して考えること。これらが正しく伝わる英語表現を見つけるコツといえる。

本書は、「旧車は used car だ！」というふうに表現を覚えてもらうことを目指すのではない。適切な英語表現をどのように考え出すかについて、ヒントを提供するのがねらいだ。

1-2 「単車で運行する車両」はどう書く？

Point

① 「単車で運行する車両」：× rolling stock operated with a single vehicle
　　　　　　　　　　　　　　○ a vehicle operated as a single car train

② （繰り返しになるが）よく意味内容を考え、それにふさわしい英語表現を選ぶこと。日本語の字面につられないこと。また、英語から逆に日本語に戻して考えること。

どこかで見た英語表現の誤りの例を紹介する。「単車で運行する車両」の英訳が "rolling stock operated with a single vehicle" と表記されていた。この表現は正しいだろうか。

正しいかどうか確認するためには、この英語から逆に日本語に戻して考えればいい。後ろから見ていくと、"a single vehicle" は「1両だけの車両」。"rolling stock" の指すものは「車両群」だ（第2章7）。したがって、この表現は「1両だけの車両とともに運行される車両群」（？）と解釈されてしまいそうだ。

図 5-1　　単行列車（a single car train）　JR 東日本大湊線にて。写真中の気動車は、「単車（＝単行列車）で運行する車両」（a vehicle operated as a single car train）である。

図 5-2　　2 両編成の列車（a two-car train）
JR 東日本・宇都宮駅にて。

　では、この日本文はどのように英訳したらいいだろうか。まずは、「単車」から考えていく。字面から入ると「単」は "single" で、「車」は "vehicle" だから、"single vehicle" となりそうだ。しかしこれは、繰り返しになるが、「1 両だけの車両」という意味になってしまう。そうではなくて、ここでいう「単車で」は「その車両が 1 両だけで」、つまり「単行列車で」の意味だ [1]。「単行列車」は "a single car train" といえるだろう。この表現の考え方は、「2 両編成の列車」を "a two-car train" と表現するのと同じだ。

　次に、「単車で（＝単行列車で）」の「で」だが、「として」の意味と考えることができる。とすると、「単車で」は "as a single car train" となる。

　最後に「車両」はある個別の車両のことだと考えると "a vehicle" だ。

　まとめると、「単車で運行する車両」は "a vehicle operated as a single car train" となる。

　この表現が唯一の正解ではないかもしれない。ほかにも英語での表現方法はあるかもしれない。しかし、この表現であれば、少なくとも意味は通じるだろう。

　繰り返しになるが、正しい（＝意味が通じる）英語表現を作るためには、よく意味内容を考える、日本語の字面につられず、また、英語から逆に日本語に戻して考えることが大切だ。

1）鉄道用語では、「単車」は、2 組の台車を持つ「ボギー車」に対し台車を持たない「二軸車：two-axle car」のことをいう場合が多い。「その車両が 1 両だけで」の意味であれば、当社でも「単車で」ではなく「単行列車で」と言うのが普通である。

1-3 「非常運転」を行うのはどんな場合？

　当社のグループ会社で、外国の鉄道事業者に説明するために当社の業務規程の表現を英
訳した時の話だ。新幹線の運行に関する当社の業務規程の中に、以下のような表現があっ
た。

　　**「非常運転」とは、ATC 方式または代用保安方式が施行できないとき、（中略）列車
　　間の安全を確保する方法をいう。**

　新幹線は通常は ATC（automatic train control：自動列車制御装置）という列車保安
システムの下で運行されており、システムによって設定された速度を超過した列車は自動
的にブレーキがかかって減速することで安全が確保される[2]。システムのトラブルにより
ATC 方式が施行（実施）できない場合は、一定の区間に一つの列車しか入らないような
方法を講じて（つまり、閉そくを行って）、安全を確保しながら列車を運行する。これが
「代用保安方式」である。さらに、代用保安方式も施行できない状況となれば、運転士が
目視により前方を確認しながら、危険を察知すればすぐに停止できるよう低速で運転する
ことにより、安全を確保する方式を取る。この方式を「非常運転」という。非常運転は、
ATC 方式が施行できず、さらに代用保安方式も施行できない場合の最後の手段だ。以上
が、上記の業務規程の表現が意味する内容である。

　この規程の英訳を翻訳会社にお願いしたところ、上記の表現の下線部については、以下
のような英文が提出されてきた。

2）第 3 章 2-3 (3) で説明したとおり、日本の「ATC」と欧州の「ATC」とは内容が異なる。ここでの記
　述は、日本の ATC を前提としている。

> when the ATC mode of operation or the operation with the substitute safe-
> ty method cannot be applied

　「代用保安方式」は "substitute safety method" だ。「施行する」は、"apply" でいい
だろう。

　この英文では、"or ～ cannot"（下線部）とあるので、「ATC 方式または代用保安方
式のどちらかが施行できないとき」の意味になっている。これは上で解説した「ATC も
代用保安方式もどちらも施行できない」という意味と異なり、誤りである。翻訳会社は、
もとの日本文の表現の「～または～が～ない」を忠実に英語に置き換えたのであり、その
点では何の非もなかった。業務規程では、正確には「ATC 方式も代用保安方式もいずれ
も施行できないとき」と表現すべきだった。

　この正確な日本語表現を英語に置き換えると、以下のようになる。

> when neither ATC mode of operation nor operation with substitute safety
> method can be applied

　このように、日本語で書かれた会社の業務規程は必ずしも厳密かつ論理的に書かれてい
ない場合がある。社内では、「これは、どちらの方式も施行できない場合のことだな」と
みんなが解釈して読んでいる。それは、書かれている業務の内容がわかっている人たちが
読んでいるからだ。しかし、それを英語に訳す場合は、誤解を招かないよう正確に書かな
ければならない。もとの規程の文章に厳密かつ論理的に書かれていない部分も、本来の意
味を英訳しなければならない。

　翻訳会社に英訳を依頼する場合は、翻訳会社が作成した英文について、日本語の文章表
現の本当の意味を理解し、それを勘案しながらチェックして必要な修正を行うことが必要
だ。

　この事例は、「～も～もどちらも～ない」という意味なので、英語では "neither A nor
B" を使って記述する必要があった。"neither A nor B" は、厳密性を求められる技術的
な文書では登場する機会が多い。必要な場合は "neither A nor B" を使って正確に書かな
いと、内容が間違った文章になる。この事例の誤った英文では、ATC 方式ができないと、
いきなり非常運転に移行することになってしまう。

　日本語の文章では英語で "neither A nor B" に当たる部分が厳密かつ論理的に書かれて
いないことが多い。もとの日本語の文章の内容を「ここで書かれている意味は『どっちも
だめ』という意味だな」と正確に把握し、適切に英語の文章に置き換えることが必要だ。

1-4 「き電を停止する区間が支障しない」とは？

> **Point**
> ① 「き電を停止する区間内が支障しない」とは、「き電を停止しても問題がない」の意味。「支障」を obstacle とすると「障害物」があるように解釈されてしまう。
> ② 「支障しない」を「suitable：適切である」とすると誤解は避けられる。
> ③ 字面だけを見て英訳するのではなく、もとの日本文の内容が何を指すのかをよく考えて、内容にふさわしい表現を考案すべき。

　当社のグループ会社で、外国の鉄道事業者に説明するために当社の新幹線の運行に関する業務規程の表現を英訳した時の事例を紹介する。以下のような表現を英訳する必要があった。

　　輸送指令員は、<u>き電を停止する区間内が支障しない</u>ことを確かめた上、電力指令員に対してき電を停止する時期を通告すること。

　すでに説明したように、新幹線では、夜間にき電（列車運行のための送電）を停止して軌道や電車線路の施設の保守作業を行うことで、作業の安全を確保している（第4章2-3）。列車の運行が終了した後、必要な手続を取った上で、「運行時間帯（運時帯）」から「作業時間帯（作時帯）」への移行を行う。手続は総合指令所の中で行われる。列車の

運行管理を担当する輸送指令員が、電力供給の管理を担当する電力指令員に対して、き電をいつ停止したらいいかを知らせるのだ。これを、「<u>き電を停止する区間内が支障しないことを確かめた上</u>」で行わなければならないというのが、この文章で書かれている内容だ。

図 5-3　作時帯における施設の保守作業

翻訳会社に英訳を依頼したところ、下線部は以下のようになった。

there is no <u>obstacle</u> in the section for power block

この英文を日本文にするとどういう意味になるだろうか。"obstacle" は、「障害」で、「進路を妨げる障害物」や「目的達成を妨げる障害」のことである。何の予備知識もなくこの英文を読む人は、「き電を停止する区間内に障害物がないこと」と理解する可能性がある。「障害物」としては、たとえば、線路内への落石などがイメージされるだろう。

しかし、規程の文章の意味はそうではない。輸送指令員の役割は列車の運行状態の監視だ。たとえば、ある区間でまだ運行を終了していない列車があった場合、き電が停止されるとその列車が立ち往生するという「支障」が発生する。その日の列車の運行がすべて終了していて、き電を停止しても「支障」が生じないことを確認するのが輸送指令員の役割である。この場合の「支障」は「発生する問題」のことであって、「何かを妨げるもの」を意味する "obstacle" ではない。「支障」を "obstacle" とすると誤解を招いてしまう。

ではどう英文で表現するかだが、担当者が相談した結果、以下のようにした。

the condition of the section <u>is suitable</u> for granting power block work

この英文を日本文に戻すと、「その区間の状況が、き電停止による作業を認めるのに適切である」、つまり、「その区間が、き電停止による作業を認めるのに適切な状況である」ということになる。もとの表現の「支障しない」が訳しにくかったので、思い切って「suitable：適切である」と表現した。これで少なくとも、線路上の障害物を想像させるなど、誤解を招くことは避けられる。き電停止しても「問題がない（＝支障しない）」という意味であることは理解してもらえるはずだ。

なお、上記の英文について、アメリカ人のネイティブ・チェッカーからは、積極的に「認められる状態にある」のであれば "suitable" よりも "cleared" がよいとの指摘があった。しかし、この英文は、国際ビジネスの場で実際に通用した英文であり、したがって、ここまで書ければ実用上は問題がなかったということで、そのまま紹介した。

内容をよく考えてそれにふさわしい表現を考えることは大切だ。英語通訳者の長部三郎は『伝わる英語表現法』[3] で、日本語を英語に通訳する場合には、伝えるべきことをいったん情報として把握・理解し、その情報を英語で考え、表現するというプロセスを経ることが必要だと説明している。この方法によれば、「国際情勢」という言葉は "what's go-

---

3)『伝わる英語表現法』（長部三郎、2001 年、岩波書店）

ing on in the world"（世界で今起こっていること）と英訳することができるという。このような方法論は、技術英語で文章表現を考える場合にも大いにヒントになるだろう。

② 便利な文章表現

　鉄道に関する技術的な内容を説明する場合によく使う文章表現がある。パターンとして覚えておくとよさそうなものをまとめてみた。

2-1 「～とは～をいう」

Point

① あるものを定義する場合は "mean"（～を意味する・～をいう）を使うとよい。

② "mean to ～" で「～すること」であると定義することもできる。

　技術的な内容を説明する文書では、用語の定義から入ることも多いだろう。その時は、"mean"（～を意味する・～をいう）を使うと便利だ。

> "Train" means a set of vehicles to be operated on tracks outside of stations.
> 「列車」とは、停車場外の線路を運転させる目的で組成された車両をいう。

　動詞の不定詞（"to" をつけた形）を使って、「～すること」であると定義することもできる。

> "Replacement" means to replace a part of or an entire piece of equipment.
> 「交換」とは、装置の一部または全部を取り換えることをいう。

　"equipment" は不可算名詞であるため、「全部」は "an entire piece of" と表現してある。同じく不可算名詞の "water" を使う場合に "a glass of water"（一杯の水）というのと同じだ。

2-2 「〜を〜という」

技術的な文書では、長い表現の繰り返しを避けるために、あるものの呼び名を最初に決め、以下はその呼び名で記述することがある。このときは、"be referred to as 〜"（〜という）を使うと便利だ。

図 5-4　進行手信号

The proceed signal indicated by hand signal is referred to as "proceed hand signal".
（**手信号による進行信号を「進行手信号」**という。）

"to" がついているので "as" をうっかり落としがちだが、つけないと間違いになる。法令や業務規程では、かっこ書きで次のような表現を使うことが多い。

Hereinafter referred to as "Implementation Standard".
（**以下、「実施基準」**という。）

2-3 「ただし、〜はこの限りでない」

「ただし、～はこの限りでない」も法令や業務規程でよくみられる表現だ。適用対象から除外する意味である。英語では、"However, this does not apply to（または when）～". と表現する。この "apply" は「～に適用する」の意味だ。英語からの直訳は「ただし、これは～には適用しない」となる。

> However, this does not apply to cable railways.
> （ただし、鋼索鉄道（＝ケーブルカー）はこの限りでない。）

> However, this does not apply when the following three conditions are satisfied.
> （ただし、以下の三つの条件が満たされるときはこの限りでない。）

2-4 「～が～するような方法」

> **Point**
>
> 　～が～するような方法：the method in which ～（主語）～（動詞）

技術的な文書では、「～が～するような方法」という表現はよく出てくる。たとえば、信号システムに関する説明の文章で「一区間に一列車しか入ることを認めないような方法」というときは、どういえばいいだろうか。この場合は、"method"（方法）の後に主語・動詞を備えた節を置かないといけないが、これを "method" とつなげるのに、"in which" を使う。

> the method in which only a single train is allowed into a section
> （一区間に一列車しか入ることを認めないような方法）

2-5 「～する装置を設けるものとする」

> **Point**
>
> 　～する装置を設けるものとする：device shall be provided that ～

　「～する装置を設けるものとする」と書くには、「～する」の部分を関係代名詞 that を
つけて "device" の後に置き、"A device that ～ shall be provided." とすればいい。し
かし、「～」の部分があまり長くなると、忘れたころにやっと "shall be provided" が出
てくる。たとえば、「非常制動を自動的に作動させる装置を設けるものとする。」と書く場
合は、"A device that automatically activates the emergency brake shall be pro-
vided." となる。下線部が主語だ。文法的には正しいが、このように長い主語の文章は読
みづらい。これは、以下のように書き換えることができる。

　　A device shall be provided that automatically activates the emergency
　　brake.
　　（非常制動を自動的に作動させる装置を設けるものとする。）

　"that" 以下が後ろに回っただけで、"that" 以下が "device" にかかり、その内容を説明
する構造であることに変わりはない。一種の倒置法（文章中の語順の入れ換え）だろう。
慣れないと語順の間違いではないかと思うだろうが、こういう書き方は認められている。
装置を説明する部分が長くなる場合は、この方がよいだろう。主語の名詞とそれを受ける
動詞は離さずに、できるだけ近づける方が英語としてわかりやすいからだ。

2-6　「～が～できるようにする」

> **Point**
>
> 　～が～できるようにする：① enable ～ to ～（可能にする）
> 　　　　　　　　　　　　　　 ② allow ～ to ～（認める・許す）

　「～が～できるようにする」という説明も技術的な文書に多い。それには、"enable" と
いう単語がなかなか使い勝手がいい。ある操作や動作が可能になる場合は、これがしっく
りくる。装置やシステムの説明に有効に活用できそうだ。

　　enable the driver to apply brakes to the entire train
　　（運転士が列車全体にブレーキをかけることができるようにする）

　"allow" も同じ使い方ができるが、ある行為や動作を認める、許すという意味でも使う
ことが可能だ。次の例文を見ていただきたい。"enable" との意味の違いが感じられるだ

ろうか。

> Staff members <u>shall not allow</u> any unauthorized person <u>to</u> enter the work places related to train operation.
> **社員は、許可を得ていない人が列車の運行に関係する現場に<u>立ち入ることができるようにしてはならない</u>（＝立ち入ることを<u>認めてはならない</u>）。**

2-7 「～に該当する」

> **Point**
> ① （カテゴリー、条項などに）該当する（＝入る・含まれる）：fall under ～
> ② 該当する（＝相当する・当たる）：correspond to ～

「該当する」と日本語でいうとき、意味合いによって英語では表現が異なる。まず、あるカテゴリー、条項などに該当する（＝入る・含まれる）意味であれば、"fall under" を使う。

> devices that <u>fall under</u> any of the following categories
> **（次のいずれかのカテゴリーに<u>該当する</u>装置）**

一方、これと異なり、「相当する・当たる」という意味で使われる「該当する」は "correspond to" で表現するといい。以下の例と上の例を比較していただきたい。

> the identification number <u>corresponding to</u> the product
> **（その製品に<u>該当する</u>識別番号）**

2-8 「〜することを目的とする」

> **Point**
>
> 〜することを目的とする　① The objective of 〜 is to 〜
> 　　　　　　　　　　　② aims to 〜
> 　　　　　　　　　　　③ is aimed at 〜 ing

「〜することを目的とする」はさまざまな書き方ができる。以下の事例をご覧いただきたい。いずれも同じ意味になる。

a. <u>The objective of</u> this implementation standard <u>is to</u> ensure the safety of vehicles.

b. This implementation standard <u>aims to</u> ensure the safety of vehicles.

c. This implementation standard <u>is aiming at</u> ensuring the safety of vehicles.

（この実施基準は、車両の安全を確保する<u>ことを目的とする</u>。）

a は誤りではないが、b の方が "The objective of 〜 is 〜" の部分を動詞 "aim" の一語で端的かつ明確に伝えられるので、技術英語にふさわしい洗練された表現といえそうだ。

2-9 「〜を満たす（＝〜に従っている）」

> **Point**
>
> 〜を満たす（＝〜に適合している）：① meet 　　　② satisfy
> 　　　　　　　　　　　　　　　　③ conform to 〜　④ comply with 〜

「〜を満たす（＝〜に適合している）」はさまざまな表現がある。簡単な表現としては "meet" がある。以下の例のとおりだ。

meet specifications/requirements
（仕様／要件を満たす）

"meet" の代わりに、"satisfy"、"conform to"、"comply with" を使うこともできる。

2-10 「～により」・「～による」

Point

① based on ～：「～により（＝に基づいて）」（計算する・判断する・決定する）

② conform to ～：（規則など）「による（＝に従う）」

③ in accordance with ～：（基準、規則など）「により（＝に従って）」

④ according to ～：（状況、場合など）「により（＝に応じて）」（対応する）

⑤ depending on ～：（状況、場合など）「により（＝に依存して）」（変わる・異なる）

　日本語では「～により」・「～による」と表現される内容が、英語では意味の違いにより以下のようにさまざまな表現に対応する。紛らわしいので、正しく区別して使いたい。

(1)　based on ～：～により（＝に基づいて）（計算する・判断する・決定する）

　「～により計算する・判断する・決定する」の「～により」は、計算などの根拠を表す「より」だ。「～に基づいて」の意味の「～により」である。これは、"based on" を使えばよい。

　a braking control profile generated <u>based on</u> the control information
　（制御情報<u>により</u>生成されるブレーキ制御パターン）

　ATCの仕組みに関する解説でこんな表現が出てくることもあるだろう。この場合、「制御情報に「基づいて」ブレーキ制御パターンが生成される意味なので、「により」は "based on" で表現するのが適切だ。「ブレーキ制御パターン」を生成する主体はATCのシステムであって、「制御情報」ではない。したがって、"by the control information" とはいえない。

　a section of track to be exclusively occupied <u>by</u> a single train
　（一つの列車のみ<u>により</u>占有される軌道の区間）

この場合は、「列車」が軌道を占有する主体である。能動態に置き換えると "A single train exclusively occupies a section of track."（一つの列車が軌道の区間を占有する。）となる。したがって、"by" を使うのが正しい。逆に、"based on" を使うことはあり得ない。

⑵　conform to ～：（規則など）による（＝に従う）

法律、規則など「に従う」、「を遵守する」などの意味で「～による」ということがある。これは、"conform to ～" で表現できる。

> The track structure shall <u>conform to</u> the following regulations.
> **（軌道の構造は以下の規則<u>による</u>こと。）**

これを、"based on" を使って "The track structure shall be based on the following regulations." とすると、「従う」、「遵守する」という意味が表現できず、意味が通じなくなってしまう。業務規程の文章では、「～によること」という表現がよく出てくるだろう。これが「～に従うべきである」という意味であれば、その適切な英語表現は "conform to" である。

⑶　in accordance with ～：（基準、規則など）により（＝に従って）

基準、規則など「に従って」の意味で「により」ということがある。これは英語表現としては、"in accordance with ～" を当てるとよい。たとえば、以下のとおりだ。

> Slacking shall be gradually decreased <u>in accordance with</u> the above-mentioned standards.
> **（スラックは、前述の基準<u>により</u>逓減すること。）**

ここでいう「スラック」は、曲線部で列車が通過しやすいようにわずかに軌間を所定の幅より内方に広げることだ。"slacking" とも "gauge widening" ともいう。この文章は、ある基準に従って、曲線の終端部に向けてスラックの値を少しずつ減少させていくべきであると記述している。なお、英語の動詞 "slack" の鉄道用語ではない一般的な意味は「ゆるめる」だ。

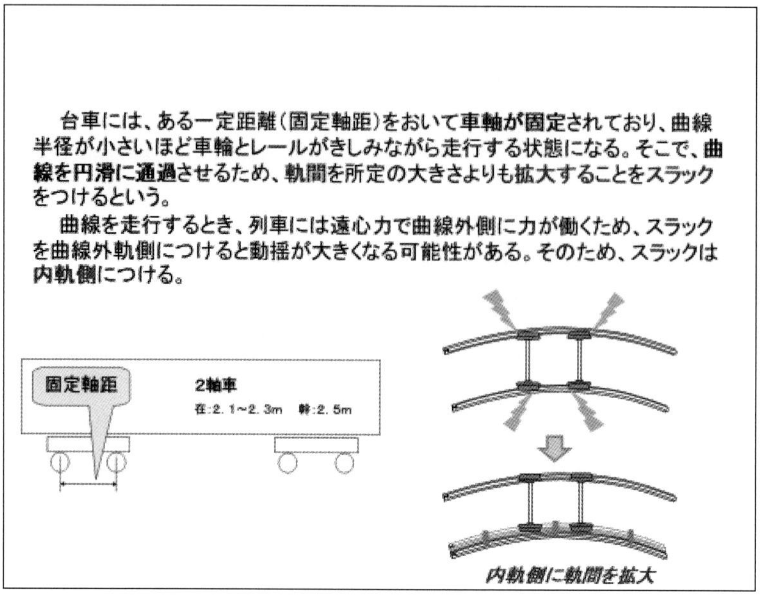

台車には、ある一定距離（固定軸距）をおいて車軸が固定されており、曲線半径が小さいほど車輪とレールがきしみながら走行する状態になる。そこで、曲線を円滑に通過させるため、軌間を所定の大きさよりも拡大することをスラックをつけるという。

曲線を走行するとき、列車には遠心力で曲線外側に力が働くため、スラックを曲線外軌側につけると動揺が大きくなる可能性がある。そのため、スラックは内軌側につける。

固定軸距	2軸車
	在：2.1〜2.3m　幹：2.5m

内軌側に軌間を拡大

図5-5　スラックの解説

⑷　according to 〜：（状況、場合など）により（＝に応じて）（対応する）

　状況、場合などにより（＝応じて）適切に対応することを説明する場合、英語では"according to 〜"を使うとよい。

Cant shall be provided <u>according to</u> gauge, curve radius, operation speed and other factors.
（軌間、曲線半径、運転速度、その他の要素<u>により（＝応じて）</u>カントをつけるものとする。）

　「カント：cant または superelevation)」は、曲線部で列車の安全性や乗り心地を向上させるために外側と内側のレールの間に設ける高低差のことだ。この高低差を設けることを日本語では「カントをつける」といい、英語では"provide cant"という。この文章は、さまざまな要素に応じて適切な量のカントをつけるべきであることを説明している。

列車が曲線を通過する際、遠心力が働くため、以下のような問題が発生する。
- ●車両が曲線外方へ転覆する危険が生じる。
- ●遠心力により外軌側レールに大きな輪重や横圧が生じ、軌道の破壊が進みやすくなる。
- ●乗り心地の悪化が生じる。

このため、曲線外軌側レールを内軌側よりも高くするよう、軌道に傾斜をつける。これを「カント」と呼ぶ。

カント "C"

図 5-6（1）　カントの解説

図 5-6（2）　カントをつけた箇所を走行する列車

⑸　depending on 〜：（状況、場合など）により（＝に依存して）（変わる・異なる）

状況、場合などにより（＝依存して）変わる、異なることを説明する場合、英語では "depending on 〜" を使うとうまくいく。以下の例文をご覧いただきたい。

The appropriate measures vary depending on the weather conditions.
（適切な措置は天候の状況によって異なる。）

天候の状況次第で（＝に依存して）取るべき措置を変えるという内容だ。この例文では、動詞 "depend" に "ing" をつけて現在分詞にしている。つまり、「依存して」という意味にして「変わる：vary」を修飾する形をとっている。この "depend" はそのまま文章を構成する動詞として使うこともできる。

Noise level mainly depends on train speed.
（騒音の大きさは主として列車の速度による（＝に依存する）。）

この "depend on" の誤用例に出くわしたことがある（実際のものからは少し変えてある）。

検査項目は法令によるものとする。
【誤訳】The inspection items depends on the laws and regulations.

もとの日本文の意図は、「検査は法令に定められた項目に従って行わなければならない」ということだ。しかし、この英訳では意味が違ってくる。"depend on 〜" は「〜によって変わる」ということなので、英文の意味は、「検査項目は法令によって変わってくる」となる。つまり、「検査項目について定めたさまざまな法令があって、どの法令が適用さ

れるかによって（＝依存して）、どの検査項目が適切かは変わる」と解釈できる文章になっており、本来の意図がまったく伝わらない。正しい英文は以下のように書けばいいだろう。

The inspection items shall <u>conform to</u> the laws and regulations.

そう、(2) で登場した "conform to" の出番だ。これで、「検査項目は法令に従うものとする」という意味になり、言いたいことが正確に伝わるようになる。

なお、「検査項目」（検査を受ける対象項目）は "the inspection items" で通じると考えられるが、「検査用機器」の意味にとられることを避けるために "the items to be inspected" と表現すれば万全である。

以上の「により」・「による」の英語表現は、必ずしも上記 (1) 〜 (5) のいずれかがすっきりと当てはまるとは限らないが、おおむね上記となることを覚えておきたい。

2-11 「（機器、装備などを）備える」

> **Point**
>
> （機器、装備などを）備える：① be provided with 〜
> 　　　　　　　　　　　　　 ② be equipped with 〜
> 　　　　　　　　　　　　　 ③ have 〜
> ※技術英語では、簡潔・明快な③が推奨される。

施設、車両などが何らかの機器、装備などを「備える」ことを表現する方法はさまざまだ。以下のようないい方ができる。いずれも同じ意味だ。

a. The monitoring center[4] shall <u>be provided with</u> the following devices.

b. The monitoring center shall <u>be equipped with</u> the following devices.

c. The monitoring center shall <u>have</u> the following devices.
　（監視センターは以下の機器を<u>備え</u>なければならない。）

4）イギリス式のつづりでは "centre" となる。

aは"provide the monitoring center <u>with</u> the following devices"という能動態の表現、bは"equip the monitoring center <u>with</u> the following devices"という能動態の表現が、それぞれもとになっている。どちらも「監視センターに以下の機器を備える」の意味だ（「監視センター」が目的語）。これらの文章を受動態にし、「監視センター」を主語にして「監視センターは～を備えられなければならない」という意味にしたのがaおよびbの文章である。

もとの日本語の文章の語順が入れ替わって「以下の機器を監視センターに備えなければならない」となっているときは、間違いやすい。日本語の語順につられてうっかり"The following devices shall be provided with the monitoring center."と逆に書いてしまう人もいるだろう。これは、「以下の機器は監視センターを備えなければならない」とおかしなことになってしまい、誤りだ。「"with"の後に来るのは備えられるもの」と覚えておきたい。

なお、技術英語の一般的な考え方としては、受動態はなるべく使わず、一つの動詞で簡潔に明快に表現することが望ましい。そのような観点からは、シンプルだが、"have"で明快に書くcの表現が推奨される。

2-12 「～に影響を及ぼす」

> **Point**
>
> ～に影響を及ぼす：① affect ～
>
> ② have an effect on ～
>
> ※動詞は affect、名詞は effect になる。

「～に影響を及ぼす」は、二つの表現方法がある。動詞の場合は affect、名詞の場合は effect を使うという違いがあり、注意が必要だ。

   a. a failure which can seriously <u>affect</u> train operation
   b. a failure which can <u>have</u> a serious <u>effect on</u> train operation
   （列車運行に重大な影響を及ぼす恐れのある故障）

「悪影響を及ぼす」意味を明確に表現する単語に"compromise"がある。日本人は「妥協する」の意味で覚えている人が多いが、「傷つける・危うくする」の意味もある。した

がって、「列車運行に重大な影響を及ぼす」を "seriously compromise train operation" と表現することもできる。

　なお、「～の恐れがある」を "have a risk of ～" と書きたくなる人もいるだろう。しかし、この例のように「～の可能性がある」という意味の "can" で十分だ（第1章5-3(6)参照）。

2-13　さまざまな「など」の表現

Point
① 英語では「など」に当たる etc. や and so on は好まれない。
②「など」を表す表現：(1) and other ～　（その他の～）
　　　　　　　　　　　　(2) including ～　（～を含む）
　　　　　　　　　　　　(3) such as ～　　（～のような・～といった）
　　　　　　　　　　　　(4) mainly ～　　（主に～）

　私たち日本人は、普段の話し言葉で「など」をよく使う。「居酒屋など行きませんか」と誘われても、居酒屋以外の選択肢が提示されていないこともある。この「など」はちょっと意味合いが違うようだが、業務上の文章でも、「など」を実によく使う。「～など」と書いておけば、全部明記してなくても、「「など」でカバーできている」ということで申し開きができる。「など」をつけておくと安心なのだ。

　英語では「など」に当たる言葉として "etc."、"and so on"、"and so forth" などがある。しかし、これらの表現は技術英語やビジネスの文章ではあまり使われない。あいまいさを嫌う英語の特徴だろう。「など」だらけの日本語の業務規程などを英語に訳すと、"etc." が一つの文章の中に何度も出てきて、英語ネイティブの人には不自然な文章にみえてしまう。

　自然な英語の文章にするためには、"etc." などをできる限り使わないようにすべきだ。しかし、もとの日本語の文章に「など」があるのも意味があるのだから、省くわけにはいかない面もある。"etc." を取ったら、具体的に名指しして列挙していないが「など」で読み込まれている事物が対象からはずされ、実害が出ることも実際にあるだろう。

　"etc."、"and so on" などを使うことは避けたいが、書き漏らしがないようにしたい。そんなときに便利な「など」の意味を表す表現をいくつか紹介する。

⑴　and other 〜（その他の〜）

　「など」の部分を "and other 〜"（その他の〜）で置き換える。「イチゴ、リンゴ、ミカンなど」の「など」はその他の果物のことなので、「イチゴ、リンゴ、ミカンその他の果物」という。英語では、"strawberries, apples, oranges, etc." の代わりに "strawberries, apples, oranges and other fruits" という。これで、イチゴ、リンゴ、ミカン以外の果物も含まれることが明確になり、「など」をつけるのと同じ効果が生まれる。

　実際に鉄道英語で使われる例に以下を挙げる。a、b ともに下段の方が望ましい表現だ。

　　a.　the conditions of track, etc.（線路などの状況）
　　　　→ the conditions of track and other facilities（線路その他の施設の状況）

　　b.　indicate the intent of the staff member who sends the sign by using shape, color, sound, etc.（形、色、音などにより合図をする係員の意思を表示する）
　　　　→ indicate the intent of the staff member who sends the sign by using shape, color, sound or other means.
　　　　（形、色、音その他の手段により合図をする係員の意思を表示する）

　この方式では、"other" の後に何を入れるかが問題になる。果物の例は簡単だが、例示したような「応用問題」では多少知恵を絞らないといけない。a では「など」は「線路以外の施設」と考えられるので、"and other facilities" とした。b では「など」は「形、色、音」以外の「合図に使う手段」と考えられるので、"or other means"[5] としている。

⑵　including 〜（〜を含む）

　「など」の部分を "including 〜"（〜を含む）で置き換える。つまり、「イチゴ、リンゴ、ミカンなど」を「イチゴ、リンゴ、ミカンを含む果物」という。英語では、"strawberries, apples, oranges, etc." の代わりに "fruits, including strawberries, apples, and oranges" という。このいい方であれば、同様に列記したイチゴ、リンゴ、ミカン以外の果物も含まれることが明確になり、「など」をつけるのと同じことになる。

　実際の鉄道英語での例を示そう。下段が "etc." を避けるいい方だ。

5）"and" ではなく "or" を用いるのは、「いずれかの手段」の意味になるからである。

embankments, cuttings, bridges, tracks, etc.

（盛土、切取、橋梁、軌道など）

→ the permanent way, including embankments, cuttings, bridges, and
　tracks

（盛土、切取、橋梁、軌道を含む線路施設）

図 5-7　切取を有する線路施設　トルコ・マルマ
ライにて。

　下段のいい方は、「盛土、切取、橋梁、軌
道」と例示した以外の施設も含むことになる。
したがって、「など」をつけるのと実質的に
意味は同じだ。なお、この "permanent
way" は、「トンネルや橋梁などの構造物も
含む列車などの通路全体」としての「線路施
設」を指す用法で使用している（第 2 章 6
参照）。

⑶　such as 〜（〜のような・〜といった）

　「など」の部分を "such as 〜"（〜のような・〜といった）で置き換える表現方法がある。
「イチゴ、リンゴ、ミカンなど」を「イチゴ、リンゴ、ミカンのような（＝といった）果
物」という。英語では、"fruits such as strawberries, apples and oranges" という。
この "such as" は例示であって、イチゴ、リンゴ、ミカン以外の果物を除外しているわ
けではない。したがって、「など」をつけるのと同じで、書きもらしは生じない。

　実際の鉄道英語での用例を以下に挙げる。下段のようにいえば "etc." を使わずに済む。

damage, wear, corrosion, etc.（破損、摩耗、腐食など）

→ a condition such as damage, wear or corrosion[6]（破損、摩耗、腐食といった
　状態）

⑷　mainly 〜（主に〜）

　「など」の部分を "mainly 〜"（主に〜）で置き換えてもよい。「イチゴ、リンゴ、ミカ

---

6)　"and" ではなく "or" を用いるのは、「いずれかの状態」の意味になるからである。

ン」が中心だがそれ以外の果物の可能性もあるという場合、「主にイチゴ、リンゴ、ミカン」という。英語では、"strawberries, apples, oranges, etc." の代わりに、"mainly strawberries, apples, and oranges" とする。これでイチゴ、リンゴ、ミカン以外の果物も含まれる意味になり、「など」をつけるのと同じように、書きもらしを防げる。

図 5-8　車両基地

　以下に鉄道英語での用例を示す。下が "mainly" の活用例で、技術英語で推奨され、ネイティブ・スピーカーにとってもしっくりくる表現である。「主に車両を収容するため」といっているだけで、「車両を収容する」以外の使用目的を除外せず、書きもらしは生じない。

> The rolling stock depot is used for accommodation of vehicles, and so forth.
> （車両基地は車両の収容などのために使用される。）
> → The rolling stock depot is mainly used to accommodate vehicles.
> （車両基地は主に車両を収容するために使用される。）

　ここまで、鉄道に関する技術的な内容を説明する場合によく使う英語の文章表現を紹介してきた。

　英語の文章表現のうち、日本の法令を英訳する場合に使用すべき英語表現については、法務省が有識者の意見を聴いてとりまとめた「法令用語日英標準対訳辞書」（現在のものは令和4年3月改訂版）に収録されている[7]。この辞書では、本章 2-2 でとりあげた「以下～という（hereinafter referred to as ～）」や、本章 2-3 でとりあげた「～はこの限りでない（this does not apply to ～）」のような定型的な文章表現も広くカバーされている。

　もちろん、法令用語が対象なので、打合せの場で話し言葉として使うにはふさわしくないものも含まれている。一方で、和訳の存在しない法令や会社の規程類を英訳する場合には参考になるものも多い。ぜひ有効に活用したい。

7）次のリンクの「ダウンロード」から入手可能。https://www.japaneselawtranslation.go.jp/ja/dicts/download

③ 誤訳をチェックする

　これまで、正しい（＝意味が通じる）英語表現をどう選んだり、考案したりするかについてさまざまな角度から説明してきた。以下では、和文の英訳をチェックして誤りを発見する際のポイントについて実例をもとに考えたい。

3-1 日本中にあふれる誤訳

> **Point**
> ① 英語の誤訳が急速に広まり、注目もされている。機械翻訳の普及が原因のようだ。
> ② 機械翻訳による誤訳を適切にチェックしなければならない。

　日本中に英語の誤訳があふれている。大都市部でも地方部でも観光客受け入れのための「英語対応」が進んだが、さまざまな案内表示やウェブサイトでの英語表記には、誤訳が氾濫している。以下では、「誤訳」に関わる最近のトピックを紹介したい。

(1) 地方公共団体の誤訳問題

　英語通訳者である大学教授など有志のメンバーからなるグループ「日本の英語を考える会」（https://note.com/nihonnoeigo）は、地方公共団体のウェブサイトなどで英語の誤訳が多くみられることを指摘し、改善を要望している。

　このグループによれば、ある自治体のウェブサイトでは、生活関連の手続に関する情報をまとめた「くらし手続き」というコーナー名の英訳が "Dark Procedures" となっていた。自動翻訳ソフトが「くらし」を「暗し」と誤解したためだと推測される。この自治体のウェブサイトでは、「本部長」を "book Director General"（「本」＋「部長」）、「一時停止」を "suspend at 1:00"（「1 時に停止」）とする誤訳もあった。

　このグループは、地方公共団体などは自動翻訳ソフトにまかせきりにすることなく、ネイティブまたは翻訳のプロにチェックをしてもらうことが必要だと訴えている。

(2) Engrish in Japan

　"Engrish in Japan" は、2011 年に開設されたフェイスブック上の公開グループである。

このグループには、日本で見つけた「変な英語」に関する投稿がメンバーから頻繁に行われ、閲覧者たちがそれにおもしろおかしくコメントを書き込み、「ネタ」として楽しんでいる。グループのタイトル名も "English" ではなく "Engrish" と「変な英語」だ。

　ある投稿の写真では、「こちらからは出られません！」という日本語の下に "I can't get out of here" と書かれている。これは、

図 5-9　"Engrish in Japan" の投稿に掲載された写真の例

「私はこの建物から出られません」という意味だ。誰かが閉じ込められて、助けを求めているらしい。「このドアは使用しないでください」であれば、"Please do not use this door" あるいはシンプルに "Closed" でいいだろう。試しに Google 翻訳で「こちらからは出られません」を英訳してみたら、この案内表示どおり "I can't get out of here" になった。Google 先生は、誰かが助けを求めているとお思いになったようだ。

　これらの誤訳の例は、大きな実害は必ずしも出ていないかもしれない。しかし、医療や災害に関する情報提供など、人の安全、健康や生命に関わるところでこうした誤訳があっては大変だ。地方公共団体や企業が関係者から信用を失ってしまう場合もあり得るのだ。

　以上の話は、海外ビジネスにもまったく関係がないわけではない。それぞれの事例から推察するに、機械翻訳の普及が誤訳の氾濫に大きく関わっているようだ。

　海外ビジネスの場でも、英文の和訳や和文の英訳に、Google 翻訳などの機械翻訳の力を借りている方は多いのではないだろうか。機械翻訳は、基本的には膨大な文章表現のパターンを参照して一番もっともらしい言葉を機械的に当てはめる仕組みである。したがって、言葉が使われている文脈を考慮しないこと、字面に引きずられることなどの弱点があり、いくらでも間違いをする。時には、人間が思いつかないような突拍子もない間違い方をすることもある。

　したがって、「機械翻訳は間違う」ということを十分に認識して、機械翻訳の結果が正しいかどうかを常にチェックしていかなければならない。機械翻訳によって誤訳が氾濫していることは大変な問題だ。そして、誤訳がチェックできる人が不足していることが問題に拍車をかけている。それは、ビジネスの世界でも起こりうる問題である。機械翻訳の普及により、英語ができる人のニーズがむしろ高まっているのではないだろうか。

　この後は、具体的な誤訳チェックの方法の話に移る。

3-2　用語の混同に注意（交換、配線、軌道、改札）

> **Point**
> ① 英訳のときに混同される恐れがある用語の例
> 　（1）交換：a.（部品などの）取り換え　　→ replacement
> 　　　　　　 b.（列車の）行き違い　　　　→ pass each other
> 　（2）配線：a.（電気の）配線　　　　　　→ wiring
> 　　　　　　 b.（線路の）配線　　　　　　→ track layout
> 　（3）軌道：a.（線路施設の意味の）軌道 → track
> 　　　　　　 b.（路面電車の意味の）軌道 → tram
> 　（4）改札：a. 改札（の施設）　　　　　　→ ticket gate
> 　　　　　　 b. 改札（の業務）　　　　　　→ ticket inspection
> ② 翻訳会社や機械翻訳が誤訳したものを見落とさずチェックすることが必要。

　誤訳には、用語の間違いに関わるものが多い。和文を英訳するときには、日本語の用語が正しく英語の用語に置き換えられているか確認すべきだ。特に、日本語の表記は同じでも異なる意味の言葉が複数ある場合には、それらが混同されていないかどうか、十分にチェックすることが必要だ。以下にいくつか例を挙げる。

⑴　**交換：a.（部品などの）取り換え → replacement**
　　　　　 b.（列車の）行き違い　　 → pass each other

　単線区間で列車が行き違うことを「交換」（または「列車交換」）という。ただ、この意味での「交換」はいわば「業界用語」で、一般に使う用語ではない。鉄道会社の車内放送でも「この駅で反対方向の列車と行き違いをします」などというのが普通だろう。「交換」といえば、一般の人は部品や装置などの「取り換え」の意味の「交換」だと思うはずだ。

　実際に翻訳会社に英訳を依頼した際に、「単線区間での列車交換」の「列車交換」が"replacement of trains"と訳されていたことがある。この英語表現からは、両方向から来た列車の車両が取り換えられ、お客さま全員がブツブツ言いながら反対側から来た別の列車の車両に乗り換えを強いられているイメージが浮かぶ。

　「行き違い」の意味の「交換」は、どう表現すればいいか。「交換」を和英辞典で引くと

図5-10　列車交換　JR東日本・五能線にて。

「（部品などの）交換」の意味の"replacement"のほかには、「（商品や通貨の）交換」を意味する"exchange"も見つかるが、「列車交換」の「交換」に当たる英語表現は見つからない。そこで、「行き違い」を引いてみると"discord"などが出てきた。これは人と人との間の心の「行き違い」のことで、「不協和音」の意味もある。「すれ違い」で引いてみるとようやく"passing each other"が出てきた。画像検索なども活用して調べるとこれで間違いなさそうだ。「すれ違う」なら"pass each other"だ。

結論としては、「（部品などの）取り換え」の意味の「交換」なら"replacement"、「（列車の）行き違い」の意味の「交換」なら"pass each other"にしないといけない。

⑵　配線：a.（電気の）配線 → wiring
　　　　　b.（線路の）配線 → track layout

同じような理屈で間違われやすい用語に「配線」がある。「配線」は和英辞典で調べるとまず"wiring"が出てくる。"wire"が電線のことなので、"wiring"は「電線を配置すること」、つまり電気の「配線」のことだ。しかし、鉄道用語としては、ほかにも重要な「配線」がある。「線路の配置」を意味する「配線」だ。英語では一般に"track layout"と表現する。

これも線路の配線を"wiring"と誤って英訳される可能性がある。

⑶　軌道：a.（線路施設の意味の）軌道 → track
　　　　　b.（路面電車の意味の）軌道 → tram

「軌道」は、「線路施設」の意味であれば"track"だ。しかし、「軌道」という日本語には「路面電車」の意味もある。「路面電車」の意味の「軌道」は、イギリス式英語なら"tram"または"tramway"、アメリカ式英語なら"streetcar"となる（第2章2参照）。「線路施設」の意味の「軌道」と「路面電車」の意味の「軌道」が混同される可能性があり、要注意だ。

図 5-11（1）　軌道（track）

図 5-11（2）　軌道（tram）

⑷　改札：a. 改札（の施設）→ ticket gate
　　　　　b. 改札（の業務）→ ticket inspection

　私たちが「改札」という場合には、「改札の施設」の意味と「改札の業務」の意味の両方がある。日本語では同じ「改札」でも、英語では「改札口」のことであれば "ticket gate"、「改札をすること」なら "ticket inspection" と表現しなければならない。英語への翻訳結果を確認するときは、正しい意味に英訳されているか確認する必要がある。

　以上に挙げた事例について、「そんなの間違うわけないじゃないか」と思われる方も多いかもしれない。しかし、実際には、翻訳会社に作成してもらった英文にはこうした間違いが潜んでいることがある。

　「列車の行き違い」の意味の「交換」を間違わずにできる翻訳会社は意外に少ないかもしれない。自分で英訳するときは、「これは "replacement" ではおかしいぞ」と気づく人も、誰か別の人が英訳したものをチェックするときはうっかり見落とすかもしれない。

　「軌道」に関していえば、文脈を正確に理解すれば「線路施設」と「路面電車」が混同

図 5-12　改札（の施設）

されることはないだろうと思うかもしれない。しかし、実際に翻訳会社が「鉄道、軌道及び無軌条電車」という日本語表現を "railway, track and trolley bus" と英訳してしまったことがある。これはさまざまな種類の鉄道を列挙した表現なので、「軌道」は「路面電車」の意味であり、"railway, tram and trolley bus" でなければならない。残念ながらこう

いうことも実際には起こってしまうので、見落とさないように気をつけなければならない。

　特に、意味を考えずに機械的に（まさに、機械だけに「機械的に」！）訳す機械翻訳では間違いが生じる恐れがあり、注意を要する。翻訳会社が機械翻訳を活用している場合もある。機械翻訳の結果を丁寧にチェックして修正をかけている翻訳会社であれば問題ない。しかし、そうでないと機械翻訳のミスをそのまま放置してしまい、意味の通じない英文を成果物として納入されてしまう恐れがある。

　このように、間違いやすい用語に注意しながら、丹念に誤訳のチェックをする必要がある。

3-3　文章の誤訳をチェックする

　英文の誤訳のチェックは、用語だけを確認すればいいのではない。むしろ、誤訳は文章表現に多く見られる。文章表現の誤訳は、もとの日本語の内容を正しく理解できなかったり、内容は理解していても適切な英語表現への置き換えができなかったりすることで生じる。実際にあった誤訳例から、誤訳のチェックと修正の方法について具体的にみていこう。

(1)　近接する

Point

① 「すぐ近くにある」（be closely located）の意味の「近接する」という日本語表現を、「近づいている」の意味（be approaching）に誤訳されたことがあった。

② 内容を十分に理解していないことによって誤訳が起こる可能性がある。

③ 「〜している」という表現は、「動作」・「状態」の二通りの意味があるので注意。

　鉄道の電気設備に関する当社の社内規程の英訳に関する誤訳の事例である。もとの日本文は以下のとおりだった。

> 架空電車線路の加圧部分又は架空き電線と他社の電力線及びその支持物とが<u>近接する</u>場合の水平離隔は、以下の表のとおりとする。

　翻訳会社による英訳では、下線部の「近接する」が "are approaching" と訳されていた。この「近接する」という日本語は「近づく・近寄る」という動作を表す意味と、「す

ぐ近くにある」という状態を表す意味との二通りがある。"are approaching" という英訳は、「近づく」という動作が現在まさに行われていることを表す。しかし、この文章では、二つのものが「すぐ近くに設置されている」の意味である。したがって、下線部は "are closely located"（近接している）あるいは "are closely installed"（近接して設置されている）とすべきである。

　このような誤訳は、翻訳する人が日本文で書かれた内容を十分に理解していないために起こる。英語ができる人でも内容がわかっていなければ正しい英訳はできない。

　「～している」という日本語表現は、「動作」を表す場合、「状態」を表す場合の二通りがある。内容を十分に理解しない人がこれらを取り違えるために誤訳が起こりやすいケースだ。

⑵　中央線重層化

> **Point**
> ① 「中央線重層化」という日本語表現が適切に英訳されていない例があった。
> ② 英訳を逆に日本語に戻すことで、英訳の適切さをチェックできる。
> ③ 日本語の字面にとらわれず、「そもそも何のことなのか」と考えることが必要。

　「中央線重層化」を英文にうまく訳すことができていない事例に出くわしたことがある。「中央線重層化」[8] とは、当社が東京駅で取り組んだ駅改良プロジェクトだ。1997年の長野までの北陸新幹線開業に関連するものである。北陸新幹線が東京駅に乗り入れることに伴い、東京駅のホーム容量不足に対応するため、当時東京駅に1面2線しかなかった当社の新幹線用のホームを増設し、現在のように2面4線とすることが必要だった。ところが、新幹線のホームを増設するスペースがない。

　そこで、中央線のホームの上方に一部覆いかぶさるように高い位置に中央線のホームを移設する。空いた旧中央線ホームは、山手線内回り・京浜東北線北行のホームとして利用する。以下、在来線が使用するホームを中央線ホーム寄りに一つずつずらしていく。新幹線のホームを増設するスペースを生み出すために、このような工事が行われた。この中央

---

8) 本解説は、以下の論文を参考に記述した。
　岡田隆（1993）「東京駅中央線重層化計画」『第20回土木学会関東支部技術研究発表会講演概要集』土木学会。

線ホームの移設プロジェクトが「中央線重層化」と呼ばれている。

　さて、筆者が見た「中央線重層化」の英訳は、"New level added to the Chuo Line"というものだった。これは、文章だとすると「新しい高さが中央線を増した」となり、また、タイトルの表現だとすると「中央線に加えられた新しい高さ」となり、どちらも意味が通じない。英語の表現を日本文に戻すと、この英文では内容を適切に表現できないことがわかる。

　では、「中央線の重層化」は、どのように英訳すればよかったのだろうか。「重層化」をそのまま英語に直すと、"construction of double layer structure"（「重層構造の建設」の意味）のようにいえそうだが、これだと中央線のホームが上下二層になったように解釈されてしまうだろう。「重層」にはとらわれすぎない方がよさそうだ。

　そこで「そもそも中央線のホームはどうなったのか？」と考えると、要はより高い位置にあるホームを建設したのだ。「高いところに上げる」ことは "elevate" で表現できる。したがって、「中央線の重層化」は "construction of elevated Chuo Line platform"（「より高い位置での中央線ホームの建設」の意味）で十分だと思う。"elevated" は「高架化された」の意味もあるが、この場合は「上方への移設」の意味で使っている。それでも「重層になった」ことを正確に説明したければ、たとえば "construction of Chuo Line platform above the Yamanote and Keihin-Tohoku Line platform"（山手線・

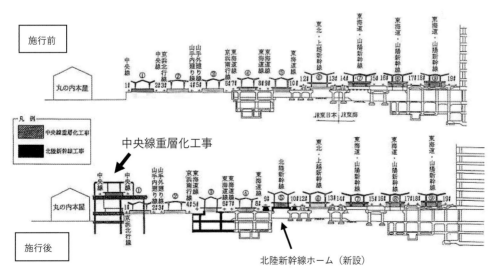

図 5-13　中央線重層化工事（出典：茗ヶ原義彦「プロジェクト・リポート　都市景観との調和を目指して ―中央線東京駅付近重層化工事―」『土木学会誌』1998 年 3 月号。）（注記を追加した。）

京浜東北線ホームの上方への中央線ホームの建設）9) で「中央線重層化」を表現できる。

　英訳が正しいかどうかをチェックするには、その英訳を日本語に逆に訳してみればよい。それで意味が通じなかったり、変わったりしてしまうなら、その英訳は適切ではないだろう。日本語の字面にとらわれず、「そもそも何のことなのか」と考えることで、適切な英訳が見つかるはずだ。

⑶　第三種鉄道事業者の定義

> **Point**
> ① 鉄道事業法における第三種鉄道事業者の定義に関し、「第二種事業者に専ら使用させる」という日本語表現が、「特定の一社の第二種鉄道事業者に独占的に使用させる」の意味に誤訳された例があった。
> ② 専門的な内容を十分に理解していなければ適切な英訳はできない。

　これは、鉄道事業法の規定の誤訳の事例である。

　まず、話の前提として、鉄道事業法における鉄道事業者の区分について解説しておこう。まとめると、以下の表のとおりである。

鉄道事業法における鉄道事業者の区分

鉄道事業者の区分	自らが線路を敷設するか	旅客・貨物の運送を行うか
第一種鉄道事業者	する （または第三種鉄道事業者から譲渡を受ける）	行う
第二種鉄道事業者	しない （第一種または第三種鉄道事業者が敷設した線路を使用する）	行う
第三種鉄道事業者	する （①第一種鉄道事業者に譲渡または②第二種鉄道事業者に専ら使用させる）	行わない

9) この説明は、完成後の形による説明になっている。工事完了前の時点での説明なら "construction of new Chuo Line platform above the existing Chuo Line platform"（現在の中央線ホームの上方への新しい中央線ホームの建設）だろう。

第一種鉄道事業者は、自ら線路を敷設して、または第三種鉄道事業者から線路の譲渡を受けて、列車を運行する。線路も車両も保有する事業者である。

第二種鉄道事業者は、自らは線路を保有せず、第一種鉄道事業者または第三種鉄道事業者が保有する線路を使用して列車を運行する。線路は保有せず車両を保有する事業者である。

第三種鉄道事業者は、自らが線路を敷設するが、それは、①第一種鉄道事業者に譲渡するため、または②第二種鉄道事業者に<u>専ら使用させるため</u>である。自らは列車の運行は行わない。②の場合は、<u>第二種鉄道事業者に使用させるだけのために</u>線路を保有する。

図 5-14　成田空港高速鉄道の線路を走行する成田エクスプレス　この区間では、成田空港高速鉄道が線路を保有する第三種鉄道事業者、JR 東日本が運行を行う第二種鉄道事業者である。

誤訳の事例として取り上げるのは、鉄道事業法第 2 条第 4 項から抜粋した以下の表現で、これが同法における「第三種鉄道事業者」の定義（第二種鉄道事業に線路を使用させる場合）である。あわせて、誤ったその英訳の文章を記載する。

鉄道線路を敷設して当該鉄道線路を第二種鉄道事業を経営するものに<u>専ら使用させる</u>事業

the business of constructing railway tracks to <u>have</u> an operator of Type II Railway Business <u>use them exclusively</u>

この英訳では、日本文の「専ら使用させる」という表現が "have 〜 use them exclusively" となっている。日本語に訳し戻すと「〜に独占的に使用させる」という意味だ。つまり、特定の一社の第二種鉄道事業者に「独占的に」使用させることになる。「専ら」が「一社に独占的に」という意味の英語表現になってしまっているのだ。

しかし、鉄道事業法のこの規定の趣旨は、第三種鉄道事業者が特定の第二種鉄道事業者に独占的な権利を与えるということではなく、<u>第二種鉄道事業者に使用させるだけのために線路を敷設する</u>というものである。つまり「専ら使用させる」は「<u>ただ使用させるだけの</u>」の意味なのだ。上記の英訳は、この部分の意味を取り違えている。

正しい意味を表す英訳としては、たとえば以下のようなものが考えられる。

the business of constructing railway tracks <u>only for the use of</u> operators in Type II Railway Businesses

これで「第二種鉄道事業者<u>の使用のためだけに</u>鉄道線路を敷設する事業」の意味になって、規定の日本文の意味を適切に表せる。

こうした誤訳は、以上述べてきたように、作成された英文から逆に日本語に訳し戻すと、間違いであることを発見できる。しかしそれでも、鉄道事業法の規定の内容を理解していないと適切なチェックができないだろう。こうした専門的な内容の文章については、専門的な内容を理解できる人が確実にチェックすることがどうしても必要になる。

④ 英語表現を統一する

これまで、鉄道に関する用語をどのように英語で正しく表現するかについて述べてきた。

以下では、さらに、さまざまな正しい英語表現がある中で、表現を統一することの必要性、また、表現を統一するための方法について考える。

(1) 英語表現の統一の必要性

> **Point**
>
> 　海外の鉄道ビジネスでは、英語表現の統一が不可欠。うまくできないと厳しい指摘を受けることもある。

当社のグループ会社は、ある国の鉄道事業者から、事業の運営（列車の運行、車両・施設の維持管理等）に関する規程を作成する業務を請け負った。この業務の中で、たたき台として当社の規程を英訳したものを提出したところ、"Poor English"（ひどい英語）だと繰り返し厳しい指摘を受けた。このような指摘を受けた原因には、以下のようなものがあった。

①もとの当社の規程が、文章としては不明瞭な部分があり、そのまま英訳しても意味が通じなかった。

②和文を英文に置き換えた際の誤訳や不適切な訳があった。

③同じ日本語に対して英語表現の不統一があった。

　ここでは、三点目の「英語表現の不統一」に注目する。英語表現の不統一とは、たとえば以下のようなものであったが、このほかにもさまざまな不統一が指摘された。

①**車両**：rolling stock, vehicle が混在
②**復旧作業**：recovery work, restoration work が混在
③**出発進路**：starting route, departure route が混在
④**停止位置目標**：train stop sign, train stop marker が混在

　これらのうち、①「車両」に関しては、"rolling stock" は "vehicle" と異なり「車両群全体」の意味で集合名詞のように使用されるという違いはあるものの（第2章7）、両者をどのように使い分けるかの明確な線引きはない。また、②〜④に関しては、国際規格などで特定の文脈での用法が決まっているような場合を除けば、どちらが正しい・間違っているとはいえない。問題は、これらの用語について複数の英語表現が文章中に混在していたことだった。

　先方からは、「英語表現が異なるので違うものを意味しているのかと思った」と不満を伝えられた。社内の別チームが作成した文書（技術基準、入札図書など）との整合性が取れていない英語表現も多かった。同じ用語でも部門間で定義や使用法が異なるものがあるとも指摘された。

　国内の業務では、文書に使用する用語の定義や、用語・用法の統一はあまり行われないかもしれない。また、規程の文章も必ずしも厳密かつ論理的に書かれていない。しかし、海外業務では用語の定義が非常に重視され、また、厳密性・統一性が強く求められる。同じ内容を英訳するときに表現がバラバラにならないよう留意すべきだった。

　難しいのは、上記のように複数の正しい英語表現がありうること、部門によって用語の解釈に差がありうることだ。したがって、「車両」のような基本的な語彙も含め、英語表現を統一し、必要に応じ定義を明文化しなければならない。部門間でも、また、技術基準の作成、設計・入札支援、規程の作成など異なる段階の業務間でも調整が求められる。一連の業務の最初の段階から取り組まねばならない。大変な手間なので、専任の要員を用語整理に充てることも考えるべきだ。人選に当たっては部門横断的な対応が求められることも考慮すべきだ。そこまでして、と思われるかもしれないが、海外業務で "Poor English" と言われずに済むためには、用語の統一が肝要なのである。

(2)　英語表現の統一のための対応

　この会社は、同じ鉄道事業者に対し、規程作成の業務で "Poor English" との指摘を受けた反省を踏まえ、規程の作成に続き研修業務を請け負った際、数千ページにわたる研修用の教材を作成する上で英語表現統一の徹底を図った。その取組み内容は、以下のとおりだった。

①まず、研修教材の日本語版が作成できた段階で、各技術部門の担当者が教材中で使われる重要な用語（日本語）のリストアップを行った。

②各技術部門の担当者がそれぞれの用語の英語表現を決定し、リストに記載した。この際、それぞれの用語（日本語）に対し複数の英語表現がありうる場合でも、用語統一の必要上、一つの英語表現のみを記載することにした。

③英語チェック担当者が、各技術部門から提出された用語リストを一つにまとめ、各用語の英語表現の適切性を確認し、必要に応じ適切な英語表現への修正を行った。また、複数の技術部門がリストアップした用語で、部門により記載された英語表現が異なる場合は、統一を図った。これらの作業は、英語チェック担当者が各技術部門の担当者と協議して行った。

④以上の作業を経て、約３か月かけて約７千語からなる用語集を作成し、これを翻訳会社への発注の際にガイドラインとして使用してもらい、訳語の統一を図った。翻訳会社の翻訳案の精査に際しても、この用語集をもとに確認を行った。

　このような組織的な取組みにより、大量の資料の作成においても、確実に英語表現の統一を図ることができた。しかし、本来はプロジェクトの最初の段階からこうした手段を取っておけば、"Poor English" と言われることはなかったはずである。

第6章
鉄道の海外業務の実践的ノウハウ

① 交渉シーンでの英語表現

　本章では、海外とのビジネス交渉で役に立ちそうな実践的ノウハウを紹介したい。具体的には、交渉シーンの英語表現、メールでのやりとりに役立つ文章表現、通訳者、翻訳会社、ネイティブ・チェッカー、機械翻訳の活用法を順に扱っていく。

　まず本章1では交渉シーンでの英語表現を取り上げたい。ただし、一般的なビジネス交渉に関する英語でのやりとりのノウハウについては、すでにさまざまな教材やプログラムが豊富に存在する。たとえば、会議中によく使われる話し言葉の表現については、「テレコン英会話小冊子」が無料で公開されている[1]。

　そこで本書では、当社社員などの体験に基づき、ビジネス交渉の会話で特に注意を要すると思われる用語に絞って解説したい。また、交渉シーンで問題になる重要な技術文書の表現を紹介する。

1-1 「難しい」

　海外ビジネスでは、英語を使っての打合せや交渉が一般的だが、英語表現のニュアンスの違いで大きな誤解を招くことも起こりうる。ここでは、交渉の中でよく使う「難しい」という言葉の英語表現について説明する。

> **Point**
>
> 　日本語で「難しい」に当たる英語表現
>
> ① impossible：不可能な（できない）
>
> ② difficult：難しい（困難だが、できないわけではない）　※hardも使える。
>
> ③ challenging：難しい（困難だが、やりがいがある）

---

1) 日本アイ・ビー・エム株式会社がCS改善活動の中で2003年に作成したものを無料でウェブ公開している。現在は2021年版が公開。テレコン（電話での国際会議）で実際に使われる言い回しの例を紹介したもの。（https://www.ibm.com/downloads/cas/95W7L0JL）

⑴　"impossible"（できない）と "difficult"（難しい）

同業他社の方から、海外業務の中でトラブルになった事例があったと聞いた。海外のカウンターパートとの打合せの中で、コスト面から対応が困難という意味で「〜は無理だ」と発言したところ、通訳者が "impossible" と訳した。これを聞いた先方が「プロジェクトから撤退したいのか」と受け止めて誤解し、大きな不信感をつのらせ、誤解を解消するのに相当な時間を要したという。この会社は、"difficult" と伝えるべきところが誤って "impossible" と伝わってしまったために大きな問題になったと反省している。

英語では、"impossible" は「不可能である」であり、文字通り全否定の「できない（＝cannot）」である。トム・クルーズが遂行するおよそ実行不可能と考えられる任務（高速で走行中の TGV の先頭部にしがみつくなど）が "Mission: Impossible" である。それに対し "difficult" は「難しい」であるが、努力すればできるかも知れないし、条件が変わるか課題が克服されればできるかも知れないと解釈されうる。なお、"hard" も「難しい」の意味があり、"difficult" の代わりに使える。会話では "hard" がよく使われる。

このトラブルでは、「その条件では難しい（difficult）」と言うべきところが、通訳の問題で「実行不可能だ（impossible）」と否定的なニュアンスで伝わってしまった。

逆の話になるが、日本人は海外業務での交渉で相手の提案や依頼を断るとき、「それは難しい（difficult）」という表現をよく使うように思う。日本語では、「難しい」は多くの場合「できません」の意味である。「難しい」と言われて、「難しくても不可能でないのならお願いします」と食い下がる人はいないだろう。

しかし、英語で "difficult" と言っても、完全に断ったことにはならない。まだ脈があると相手に誤解させることにもなりかねない。誤解を招く表現を避け、"I am afraid we cannot 〜 ."（申し訳ありませんができません）とはっきりお断りすべきだろう。

このように、"difficult" の使い方は意外に「難しい」ので注意したい。

⑵　"difficult"（困難だ）と "challenging"（困難だが、やりがいがある）

当社のある社員が仕事で関わったイギリス人に「私の担当する仕事は進め方が難しい（difficult）」と言った。すると、「それは difficult ではなく、challenging と言うのだよ」と教えられた。この社員は、それ以来 "difficult" という言葉を使う際には注意するようになった。

イギリス人がこの社員に教えてくれた "challenging" は、「難しいけれど、やりがいがある」という日本語にはない意味を含んでおり、単に「難しい（difficult）」と言うよりも奥行きのある前向きな表現である。

　名詞形の "difficulty"（または "hardship"）、"challenge" も同様だ。「わが社は困難に直面している」と言いたいとき、"Our company faces difficulties（または hardships）." と言えば、相手は「もしやこの会社はつぶれるんじゃないか」という疑念に至る可能性もありえる。一方、同じ場面で "Our company faces challenges." と言えば、「この会社はがんばっているんだな」と受け止められる。英語話者は前向きなニュアンスがある "challenge" を好んで使う傾向がある。このような前向きな意欲を感じさせる表現はビジネスの相手にも今後への期待を与え、実際のビジネス現場で使うには効果的といえる。

　海外ビジネスの現場では、ちょっとした言葉のニュアンスの違いが大きな問題につながりかねない。言葉の選び方には慎重でありたい。普段から、英語の言葉を調べるとき、複数の候補について、英和辞典で正確な語義はもちろん、注釈や例文もよく確認し、ニュアンスや用法を調べることが役に立つだろう。

1-2 「すみません」

> **Point**
> ① 英語ではこちらが悪くないのに "Sorry" と言わない方がよい。
> ② こちらに責任はないが「申し訳ない」という気持ちを表すには、"I am afraid 〜" や "Unfortunately 〜" を使う。
> ③ 心から謝る場合には、"I am terribly sorry"、"We must apologize" などを使う。

　日本人は普段の生活や仕事の中で大変よく「すみません」を使う。謝罪するとき以外に、人を呼ぶとき、人混みの中を通してもらうとき、お礼を言うときなど、いろいろな場合に使える使い勝手のいい言葉だ。たとえば、交渉の中で相手の望む提案ができない場合、日本人同士では、「すみませんが〜はできません」、「申し訳ありませんができません」と言うだろう。

　しかし、このような場合に英語で "I am sorry I can't 〜" と言うべきかどうかはよく考える必要がある。日本語の「すみません」は、必ずしも自分の非を認めていることにはならない。たとえ相手が無理な要求をしている場合でも、相手に気遣って「お気持ちに添

えなくて残念ですが」という意味で「すみませんが」などと言う。しかし、英語では"Sorry"は「非を認めて謝罪している」と解釈される可能性がある。詳しくは、コラム９をお読みいただきたい。

　"Sorry"がどのように受け止められるかは、場合にもよる。しかし、「非を認めている」と受け止められることで、責任を追及され、金銭面での補償を求められる可能性があるのは確かだ。したがって、こちらが悪くないのにむやみに"Sorry"を使うのは危険というものだ。

　通訳者を介してやりとりをする場合は、特に注意が必要だろう。つい日本語では「すみませんが」とか「申し訳ないですが」と言ってしまうが、これを"Sorry"と訳されるとまずいことになるかもしれない。英語で自分が発言する場合はもちろん、通訳者に伝えるときも言い方に気をつける必要がある。

　とはいえ、望む提案が得られない相手が非常に気分を害していて、なだめたいこともあるかもしれない。お互い人間同士なので、円滑に物事を進めたいと思うこともあるだろう。こちらに責任はないが「申し訳ない」という気持ちを表すには、どうするのか。

　そんなときは、"afraid"を使う。"afraid"は、後に"of"をつけて"be afraid of ～"と

【コラム９：「すみません」は本当に謝るときだけ】

　日本人は「すみません」という言葉を軽い感覚で使用していることが多いと思う。

　以前の会社で海外業務を担当していたときの話。「すみません」で費用負担させられそうになったことがある。10年近く前の話だ。

　中東のある国での会議で、こちらの施工が遅れたことで費用と納期の負担について客先と議論になった。こちらが完全に悪いとは認められない状況だった。こちらの社員が"Sorry"と言いながら、理由を説明した。最後の議事録確認の際、この件の処理は当社側の負担にされていた。抗議したところ、「予算・納期権限のある人間（当時の私）の前で別の社員が"Sorry"と非を完全に認め、それに対して誰も発言していないのでその負担は負うべきだ」と言われた。結果的には交渉してなんとか撤回させ、事なきを得た。

　少し滅茶苦茶な気もするが、安易に"Sorry"を使うと、商売に厳しい人たちは「過失を認めた」と都合よく解釈するので注意が必要だと痛感した。その後ビジネスでは"Sorry"を絶対に使わないことにしている。そう思って仕事をしていると、外国の人たちは間違えたときは淡々と訂正してくるだけで、謝る人なんかいない。不用意に"Sorry"を使うことで自分の過失を認めているととらえられてしまうことが海外では多々あると思う。

して、「〜を恐れて」の意味でよく使う。"I am afraid of snakes."（私は蛇が怖い。）といった具合だ。これとは違う用法で、"I am afraid 〜" と言えば、「残念ながら〜」の意味になる。たとえば、"I am afraid we cannot meet your request."（残念ながらご要望に添うことができません。）のように使う。この表現は、別にこちらが責任を認めていることにはならない。しかも、そっけなく "We cannot meet your request."（ご要望に添うことができません。）と言うよりも、より相手に寄り添う感じが出せる。

あるいは "Unfortunately, 〜"（残念ながら〜）を使ってもいい。たとえば、"Unfortunately, we cannot meet your request."（残念ながらご希望に添うことができません。）と言う。これも、責任を認めたことにはならない。

さて、こちらに非があり、本当に心から謝って相手の機嫌を取り戻したい場合はどう言えばいいだろうか。たとえば、率直に "We deeply apologize."（深く謝罪いたします。）という言い方がある。"I am terribly sorry."（本当に申し訳ありません。）という言い方もある。"This is our fault."（これは私たちのミスです。）という表現もある。"We will make sure that it will never happen again."[2]（こんなことが二度とないようにします。）ともいえる。どれも使うチャンスがあってほしくない表現である。特に "It will never happen again." は、繰り返し使うような事態となれば貴重なビジネス・チャンスを失ってしまうだろう。

1-3 「わかりました」

海外ビジネスでは、協議が終わった後で議事録を残し、相互に協議結果を確認することが一般的だ。その際に、お互いが議事録に署名することも多い。この際、何について双方が合意したのか、何について合意できなかったのかを明確にしておくことが必要だ。後に

---

2) "It will never happen again." だけでも通用するが、ここでは「二度と繰り返さない」というこちらの意思を明確に伝えるために "We will make sure that 〜"（必ず〜になるようにします）という表現とした。"We" で始めるのは、会社を代表して言うからだ。

なってみれば議事録に書かれていることがすべてとなってしまうからである。

　日本語の「わかりました」の意味は結構あいまいだ。相手の言うことに同意している場合もあるし、話はわかったが賛成していない場合もある。この「わかりました」に当たる英語表現は "agree" と "understand" だが、両者には明確な使いわけがある。"agree" は「合意する」という意味で、相手の主張に賛成していることになる。一方で、"understand" は「相手の言い分を理解したが、必ずしも合意するわけではない」という意味だ。

　「あなたのおっしゃることはわかります。」は "I understand what you mean." となる。これは、相手の言っている内容がわかる（＝主張の内容がわかる）ということで、それに賛成するかどうかは別である。したがって、"I understand what you mean, but I can't agree with you."（おっしゃることはわかりますが、賛成はできません。）という発言は英語の文章として成立する。また、いきなり相手の発言に反対しては角が立つと思ったら、いったん "I understand what you mean. You mean that 〜 ."（わかります。あなたは〜とおっしゃるのですね。）と相手に花を持たせてから、"But, my point is that 〜 ."（ですが、私の意見は〜。）とおもむろに反論するという作戦もありだ。

　特に後々まで記録に残る議事録を作成する上で、"agree" と "understand" の区別に注意することが必要だ。また、協議の場の口頭でのやりとりでも、両者を間違って使わないように気をつけなければならない。以下のコラム 10 も参照していただきたい。

【コラム 10：わかりました、でも、合意していません】

　海外ビジネスでは、"agree（合意する）" と "understand"（言い分は理解する）の使いわけが特に重要だ。

　協議では、「"agree" はしていないが、"understand" した」という状況になることが多い。このような場合に "understand" と発言したとき、その後の協議で反論しても問題はなかった。しかし、"agree" と発言してしまった場合、「"agree" していたのに、なぜ今さら逆のことを言うのか。」と相手側が不快感をあらわにしたことがある。

　議事録で協議の内容を残す場合にも、この二つの用語は適切に使いわける必要がある。たとえば、こちらが "agree" していないことまで、相手側が議事録に "agree" と記載してくる場合がある。このような場合は、相手に対し議事録の修正を求める必要がある。そうしないと、合意していないことまで実行することを求められてしまう。相手が意図的にこのような記載をしてくることもある。"agree" か "understand" かは、議事録を確認する際の重要なチェックポイントとなる。

1-4 「どれくらいありますか」

"What" には、「何？」以外に「どれくらい？」と数値や量を尋ねる用法がある。これは、以下の例のように、いろいろな場合に使うことが可能だ。

(a) What is the length of the train?（列車の全長はどれくらいですか？）
   = How long is the train?

(b) What is the maximum running speed of the train?（列車の最高運転速度はどれくらいですか？）
   = How fast can the train run?

(c) What is the population of Delhi?（デリーの人口はどれくらいですか？）
   = How many people live in Delhi?

いずれも、上段の "what" を使う言い方は、下段よりも難しい言い方になっている。普通の会話ではそれぞれ下段の表現が使われることが多いだろう。しかし、技術的な内容をめぐる文章でのやりとりなどでは "what" を使う言い方も出てくる。

私たちは中学校の英語の最初の方の授業で、"What is ～ ?" は「～は何ですか？」のことだと習うので、「What ＝何」という発想が強くしみついていると思われる。なぜか、ここで紹介する「どれくらい」の用法は習った記憶がない。したがって、先方から「～の大きさはいくらですか？」の意味で "What is ～ ?" と尋ねられたときに、「～は何ですか？」と尋ねられていると思い、戸惑いやすい。実際に通訳者が間違って和訳した場面に遭遇したことがある。コラム 11 をお読みいただきたい。

「カントとは何ですか？」と質問があった。東京で行われた外国の鉄道技術者向けの研修でのひとこまである。「カントとは、曲線部の外側と内側のレールの高低差で…」（注）と日本側の講師が説明を始めた。質問した外国人の研修生が首をかしげ、通訳者をさえぎって、「いや、そうではなくて…」と再び発言する。鉄道技術者である彼が、カントとは何か知らないはずがない。実は彼は「カント量（カントの大きさ）はいくらですか？」と尋ねたのだった。研修生が英語で "What is cant?" と質問したのを、通訳者が聞こえた通りに通訳したが、結果的に誤訳となったのである（本当は cant の前に the をつけるのが正しかっただろう）。

　紹介した事例では、その場で訂正し数値を答えて、何の問題もなかった。しかし、昨今はメールなどで文書をやりとりする機会が多い。先方が数値を尋ねているのに長々と用語の定義を説明した文書を送り返すことで、契約を打ち切られるようなことはなくても、「この会社は大丈夫か？」と相手に不安を与えてしまうかもしれない。

　ところで、この事例では、通訳者が鉄道用語の「カント」（あるいは、その使い方）を知らなかったために間違いが生じた。正しい通訳や翻訳をしてもらうためには、用語のことも含め適切な情報提供が求められる。

（注）「カント」については、第5章 2-10 ⑷ を参照。

1-5　その他の間違いやすい用語

その他、ビジネス交渉の場で使いそうな用語で、間違いやすいものを挙げておく。

Point

① メリットとデメリット：advantage and disadvantage
　　　　　　　　　　　　　　または pros and cons
② 具体的な：(a) concrete（「抽象的な」の反対）
　　　　　　　(b) specific（個別具体の）
③ チャンス：opportunity
④ たぶん：probably

⑴　「メリットとデメリット」：○ advantage and disadvantage
　　　　　　　　　　　　　　　　　× merit and demerit

　日本語の文章や話し言葉では、「メリット」と「デメリット」は、それぞれ「有利な点」と「不利な点」の意味で使われている。しかし、日本語の「メリット」と「デメリット」のもとになった英語の "merit" と "demerit" は、このような日本語の使い方とは意味が異なる。"merit" は「価値」や「長所」の意味が中心で、"demerit" は逆に「落ち度」や「欠点」の意味になる。「メリットとデメリット」は英語では "merit and demerit" とはあまり言わない。

　英語で「有利な点・それによる利益」を表す言葉として、"advantage" がある。その逆の "disadvantage" が「不利な点・それによる損失」を表す。したがって、英語で「メリットとデメリット」に当たる表現は "advantage and disadvantage" となる。「メリットとデメリット」は和製英語に近いといえるかもしれない。そのほか、「メリットとデメリット」を表す表現としては、"pros and cons" もある。

⑵　「具体的な」：⒜ concrete（「抽象的な」の反対の意味の「具体的な」）
　　　　　　　　　⒝ specific（「個別具体の」の意味の「具体的な」）

　「具体的な」に当たる英単語を調べてみると、すぐに出てくるのは "concrete" である。Google 翻訳でも、これが真っ先に出てくる。しかし、和英辞典では、ほかにも "specific" などが載っている。"concrete" と "specific" は何が違うのだろう。

　英英辞典で調べてみよう。たとえば、オンラインの Oxford Leaner's Dictionaries では、"concrete" は "based on facts, not on ideas or guesses"（事実に基づいた、考えや推測によるのではない）とある。また、"COMPARE abstract"（abstract と比較せよ）とある。"abstract" をさらに調べると、"based on general ideas and not on any particular real person, thing or situation"（一般的な考えに基づき、特定の現実の人、もの、状況に基づくのではない）と書かれている。したがって "concrete" は、"abstract"（抽象的な）の反対の意味の「具体的な」を指すと理解できる。

　同じ辞典で "specific" を調べると、"connected with one particular thing only"（一つのものだけと関連して）とあり、また、"SYNONYM particular"（particular が同義語／類義語）とある。"specific" は、「特定の（＝個別具体の）」の意味の「具体的な」を指すと考えられる。

　日本語では、このどちらの意味も「具体的な」という同じ表現になってしまうが、英語では異なる表現が使われるわけだ。「具体的に」は、次のように使いわける。

(a) concrete plan to build a railway：鉄道建設の<u>具体的な</u>計画（<u>内容が固まり</u>
<u>具体的であること</u>）

(b) identify <u>specific locations</u> of potential danger：潜在的危険を有する<u>具体的</u>
<u>な個所</u>を特定する（<u>個別具体の箇所</u>のこと）

(3)　「チャンス」：○ opportunity
　　　　　　　× chance

　日本語では「好機」のことを「チャンス」という。しかし、英語の名詞 "chance" は、どちらかというと「何かが起こる可能性・見込み」の意味で使うことが多い。日本語の「チャンス」の意味を最もよく表すのは "opportunity" という名詞だ。こうしたことも、英英辞典を調べるとよくわかる。「絶好のチャンス」は、英語では "the best opportunity" という。"the golden opportunity" とも言うようだ。いかにもキラキラとしてすばらしいチャンスだという感じがする。これに対し、"the best chance" というと、「最も見込みが高いこと」の意味になる。それぞれ、以下に例文を示しておく。

(a) This is <u>the best opportunity</u> to materialize a high speed rail project.
（これは高速鉄道プロジェクトを実現させる<u>絶好のチャンス</u>だ。）

(b) The company <u>has the best chance to</u> make a successful bid.
（その企業が落札する<u>見込みが最も高い</u>。）

(4)　「たぶん」：○ probably
　　　　　　　× maybe

　海外ビジネスでのやりとりの中で「たぶんできると思います」などと言うときに "maybe" を使う日本人が多いように思う。使っている人は、「実現する可能性が高い」という意味を持たせたつもりで "maybe" と言っていると思うが、あまり適切ではないと思われる。

　実は、"maybe" は「もしかすると」という意味で、「実現する可能性が低い」場合に使う。辞書では「たぶん」という意味も載っているが、あまり適切ではないように思う。よく言われる話では、アメリカで男性が女性をデートに誘って "Maybe." と返されたら、それは「またね」というような意味で、脈はないということなのだそうだ。"Maybe next time."（また今度ね）と言われて、「今度」を楽しみにしていると、その「今度」はきっ

ともう来ない。

　このように、不用意に "maybe" で答えると、「たぶん大丈夫でしょう」と言っているつもりが、「まあね…（だめなんじゃないかな）」と後ろ向きな返事をしていると思われかねない。"perhaps" も "maybe" と同様に実現可能性が低いことを表す。

　実現性が高いことを表すのであれば、"probably" を使う。たとえば、次のように言える。

　　These measures will <u>probably</u> work.
　　（これらの方法は<u>たぶんうまくいくだろう</u>。）

"probably" を形容詞にした "probable" という表現もある。「～がありそうな・起こりそうな」という意味だ。これは次のように使う。上の表現と意味は同じだ。

　　It is <u>probable</u> that these measures will work.
　　（これらの方法は<u>たぶんうまくいくだろう</u>。）

さらに可能性が高いことを言うなら、"highly" で "probable" を強調して次のように言う。

　　It is <u>highly probable</u> that these measures will work.
　　（これらの方法がうまくいく<u>可能性は極めて高い</u>。）

そのほか、"likely"（可能性がある）を使い、以下のように言っても同じ意味になる。

　　It is most <u>likely</u> that these measures will work.
　　（これらの方法がうまくいく<u>可能性は極めて高い</u>。）

1-6　技術文書の shall と should

　国際規格、契約書、取扱説明書、仕様書などの技術文書に見られる shall と should の意味とその使いわけは重要だ。本章１－５までで述べたような会話で使われる表現ではなく、技術文書における書き言葉としての表現だが、同様に交渉シーンで問題になる重要な英語表現として、ここで紹介しておく。

　学校では「shall は話者の『意志・意向』を意味する」と教わるが、技術文書の shall は「義務＝ requirement」を表わし、「～しなければならない」を意味する。学校で学んだ感覚からすれば should が「～すべき」で、shall よりも強い意味だと思うだろう。し

かし英文契約書や国際規格における shall は、should よりも強い「義務」を表わす。shall の記載内容は、履行が義務として強制され、また拘束力を持つ。

　学校で「〜すべき」と学んだ should は、技術文書においては義務ではなく推奨される要件（推奨事項：recommendation）を表わす。should は「〜することが望ましい」という意味であり、記載された内容は履行した方が望ましいが、履行できなくても問題にはならない。

　規格文書中の shall「〜しなければならない」は満たすべき要件（要求事項：require-ment）を表し、should「〜することが望ましい」はガイドライン（推奨事項）である。この強制力の違いは、規格文書では重大だ。規格ユーザーは両者の違いをよく理解しておく必要がある。一方、規格審議の場では shall と should を慎重に使い分けることが必要だ。shall で規格が記述されると、その要求事項を満たさない事項は shall が持つ強制力によって排除されてしまうからだ。

　この shall と should の言葉の使い分けは、ISO/IEC Directives Part 2（専門業務用指針第 2 部）において明示されている。興味のある方はご参照いただきたい。(https://www.iso.org/sites/directives/current/part2/index.xhtml#_idTextAnchor078)

② メールでの文章表現

　メール（E メール）での一般的な文章表現について、特に当社社員の体験に基づく要注意事例に絞って紹介する。

2-1 「お世話になっています」

> Point
>
> 　メールでの「お世話になっています」の表現
> ① I hope all is well with you.（お元気でお過ごしのことと思います。）
> ② I hope this email finds you well.（お元気でお過ごしのことと思います。）
> ③ I hope you are staying safe and healthy.（安全・健康でお過ごしのことと思います。）　※コロナ禍の下での挨拶。

日本語で「お世話になっております」からメールを書き出す人は多い。英語でも似たよ

うな表現として、たとえば、以下のようなものがある。どちらも特に具体的な内容はない決まり文句と考えてよい。

　⒜　I hope all is well with you.（お元気でお過ごしのことと思います。）

　⒝　I hope this email finds you well.（お元気でお過ごしのことと思います。）

　こうした表現には、少し形が変わったバリエーションもある。Ｅメールの事例集などを参考にするといいだろう。なお、コロナ禍の下では、以下のような書き出しの挨拶も使われるようになった。これもバリエーションがある。

　⒞　I hope you are staying safe and healthy.（安全・健康でお過ごしのことと思います。）

2-2　「教える」

Point

「教える」のさまざまな表現
① teach：学問、技術などを教える
② tell：情報を教える
③ show：（実演などして）やり方を教える
④ let me [または us] know：知らせる　※ tell よりソフトな感じ。
⑤ keep me [または us] updated on：最新の情報を教える

　メールで相手に何かを教えてもらうように依頼することは多い。「教える」というと日本人は "teach" がまず思い浮かぶかもしれないが、"teach" は一般に学問、技術などを教えることをいう。たとえば以下のような使い方だ。（この例文では、丁重に個人的な依頼をするという想定で、丁寧なニュアンスがある "Would you ～ ?" を使った。）

　⒜　Would you teach me English?（英語を教えてくださいませんか。）

　海外ビジネスの現場で使うのは、"tell" や "show" がほとんどだろう。単に情報を提供する場合は "tell" を使う。"show" は実演したりビデオを見せたりしてやり方を教える場合に使う。以下の例文を参照していただきたい。（これらでは、淡々と業務上の依頼をす

るという想定で、"Can you ～ ?" を使った。(d) 以降も同様だ。)

(b) <u>Can you tell me</u> the agenda for the tomorrow's meeting?
（明日の会議の議事次第を<u>教えてください</u>。）

(c) <u>Can you show</u> the trainees how to inspect a bogie in the OJT program?
（OJT で台車の検査の仕方を（実際にやって）研修生に<u>教えてあげてください</u>。）

余談だが、(b)の例文中の "agenda" は「議事次第」で、複数の議題をまとめたリストを指す。個別の議題は "agenda item" という。個別の議題が "agenda" だと勘違いして「議事次第」のことを "agendas" というのは誤りだ。

情報を提供してもらう場合の "tell" と使い方がよく似ているもので、"let me know"（または "let us know"）がある。tell" は「（急いでいる場合などに）より強く教えるよう求める」、"let me know" は「よりソフトに知らせてくれるよう頼む」という違いがあるようである。確かに、メールで依頼をする場合は "let me know" を使うことが多い。また、目上の方には "tell" よりも "let me know" の方がよいとも言われる。使い方は以下のとおりだ。

(d) <u>Can you let me know</u> when you are available next week?
（来週はいつが<u>空いているか教えてください</u>。）

"keep me（または us）updated on ～" という言い方もある。"update" はコンピューターソフトの「アップデート」でおなじみだが、「最新の状態にする」を表す動詞だ。人を目的語にする場合は「最新の情報を伝える」の意味になる。したがって、"keep me updated on ～" は、「～について最新の情報を教えてください」の意味になる。「現時点までに何が起こったか」を聞くこともできるし、「今後何か動きがあったら教えて」という意味でも使える、便利な表現だ。使い方は以下のとおりである。

(e) <u>Can you keep me updated on</u> the development of the land acquisition?
（土地取得の進捗について<u>最新情報を教えてください</u>。）

(f) Please keep me updated.（または Please keep me up to date.）
（新しい<u>動きがあったら教えて</u>ね。）

2-3 「お送りします」

海外ビジネスのカウンターパートあてに、メールに添付して文書を送ることも多いだろう。「〜を送ります」の典型的な言い方はこのようになる。

  (a) <u>I am sending</u> you a draft program for the train drivers' training course.

      （運転士の研修コースのプログラムの原案を<u>お送りします</u>。）

現在進行形になっているので不思議に思うかもしれないが、このような言い方が多い。以下の表現も、「〜を送ります」と同じ意味で本当によく使われる。

  (b) Please find attached the list of trainees.

      （研修生のリストを添付しましたので、ご確認ください。）

この文章で、あれっと思われる方も多いかもしれない。語順がおかしいのではないか。"Please find <u>the attached</u> list of the trainees." の間違いではないかと…。

でも、ご安心を。上の例文で正解である。以下のコラム 12 をご覧いただきたい。文法に関心がない方は、特に知らなくても問題はない話なので、飛ばして読まれても大丈夫だ。

【コラム 12："Please find attached the 〜" はなぜこの語順なのか？】

　仕事で英語のメールのやりとりをするようになったころ、最初に不思議に思ったのが "Please find attached the 〜"（〜を添付しましたので、ご確認ください）という表現だ。何かの間違いかと思ったが、みんなこういうふうに書いてくる。それで、どうもこれでいいらしいとわかった。

　種明かしをすると、これは SVOC 構文の O（目的語）と C（補語）が倒置され、順序が逆になっているものらしい。つまり "the" 以下が目的語、"attached" が補語で、本来は "Please find the 〜 attached" と言うべきものである。これで「〜が添付された状態であることを確認してください」の意味になる。しかし、"the" 以下は単語が連なり長くなるので、最後にぽつんと "attached" だけついていてもバランスが悪い。それで、語順をひっくり返して "attached" を動詞 "find" のすぐ後に置く形が定着したらしい。

2-4 「お願いします」

> **Point**
>
> 「お願いします」の丁寧な表現
> ① It would be great if you would 〜（〜してくださるとありがたいのですが）
> ② I would appreciate it if you would 〜　※上と同じ意味。

　英語には敬語はないと言う人もいるが、そうともいえない。日本語でメールを書くにしても、社会的地位の面で同レベルの人とハイレベルの人とでは、表現は変わってくる。同レベルの相手であれば「〜してください」と書けばいいが、ハイレベルの相手であれば「〜していただけるとありがたいのですが」と書くだろう。英語でも同じだ。同レベルの相手に "Please send me 〜."（〜を送ってください）と書くのは構わない。しかし、ハイレベルの相手に同じように書くと失礼だ。"Would you 〜" でもいいが、もっと丁寧な表現がある。

　たとえば、"It would be great if you would 〜" という表現を使う。"I would appreciate it if you would 〜" ともいえる。例文は以下のとおりだ。

(a) It would be great if you would agree to the detailed design.

（詳細設計の内容にご賛同してくださるとありがたいのですが。）

(b) I would appreciate it if you would consider our proposal.

（私たちの提案についてご検討いただければ幸いです。）

　ところで、(b)の文章の"it"を落としてしまう日本人がいる。"it if"と続くことに違和感を持ってしまうのかもしれない。しかし、この"it"はどうしても必要である。必要な理由は、以下のコラム13にまとめた。文法に関心がなければ、飛ばして次に進んでいただきたい。

【コラム 13：“I would appreciate it if you would ～”の“it”はなぜ必要か？】

　この"it"は"if ～"を受ける型式目的語である。"it"自体には意味はないが、"appreciate"の目的語になり、"if ～"の部分の内容を指している。つまり、"it"があることで、文字通りの意味は「もしあなたが～してくださるとすれば、そのこと（it）を私は感謝する」となる。"it"を落とすと文章が成立しなくなる。(b) の文章では"appreciate"の目的語が必要だが、(a)では"It would be great"で表現が完結しているという違いがある。

2-5 「ありがとう」

Point

　いろいろな「ありがとう」の表現

① "thank"を使うもの

② "thank"を使わないもの

　メールでやりとりをしていると、何かをしてもらうたびにお礼を言うことになる。何度も"Thank you."を繰り返していると、ちょっと単調な感じがする。場合によって表現を変えてみるとよいかもしれない。いくつか例を挙げてみる。

① "thank" を使うもの

Thank you.（ありがとう。）

Thanks.（ありがとう。）

Thank you very much.（本当にありがとう。）

Thanks a lot.（本当にありがとう。）

Many thanks.（本当にありがとう。）

Thank you for everything.（いろいろとありがとう。）　※さまざまな厚意を受けた後で。

I am thankful for your prompt reply.（すみやかなご回答に感謝しています。）

I can't thank you enough.（感謝してもしきれません。／お礼の言葉もありません。）

② "thank" を使わないもの

I appreciate it.（感謝します。）

I very much appreciate your efforts.（ご尽力に本当に感謝しています。）

I am deeply grateful for your kindness.（ご厚意に深く感謝しております。）

　お礼の気持ちを表す言葉は "Thank you." だけではない。本当にお世話になったときは、それなりの言い方をしたい。気持ちを込めて "I am deeply grateful for your kindness." などを使ってもいいのではないだろうか。2004 年の大津波で深刻な被害を受けたインドネシアのユドヨノ大統領（当時）は、世界各国からの支援に対し "I am grateful." と言っていた。"grateful" はこういう使い方をするのかと思ったものだ。しかし、毎回 "deeply grateful" を連発しているとかえって不審に思われてしまいそうだ。メリハリをつけて使うべきだろう。

通訳者とよい関係を築く

Point

① プロの通訳者でも一気に長く話すと完璧に通訳することは難しい。短く切って話す。

② 専門分野の用語や文脈について事前の情報共有を通訳者と十分に行う。

③ 通訳者の訳し間違い、訳し漏れをその場ですぐに訂正する。

 ④　通訳者には、通訳業務に徹し、自分の判断で発言しないよう依頼する。

 ⑤　通訳者ではなく、カウンターパートの方向を見て話し、こちらの思いを伝える。

 ⑥　通訳者とよい関係を築き、実力を発揮してもらう環境を整える。

3-1　通訳者は神様ではない　－短く切って話す

　以下では、打合せなどの場で通訳者に通訳をしてもらう場合の注意点をまとめておく。

　まず、「通訳者は神様ではない」ということを強調したい。つまり、通訳者にもできることとできないことがあり、その意味で通訳は完璧ではない。

　日本人のビジネスマンの中には、通訳者というものは、（日英間の通訳の場合）適当に日本語で話せばそのまま完全に英語に置き換えてくれると思っている人がいる。たとえば、5分くらい延々話し続けて、「じゃ、訳してください」と通訳者に伝える人がいる。この人の話は完全に英語に置き換えられて再現されているだろうか。恐らくそうではない。言われた通訳者は確かに一生懸命訳そうとしているが、よく聞いていると、一部を割愛しながら訳しているのがわかる。標準以上の能力を持っている通訳者でさえそうである。

　たとえば、日本人同士で、AさんがBさんに5分くらい普通のスピードで話し続け、メモを取りながら聞いてもらうとする。終わってからAさんがBさんに、「はい、今の話、繰り返して。」と言う。BさんはAさんの話を完璧に再現できるだろうか。すべて完全にメモを取ることは恐らく難しいので、メモを見て、記憶に頼って補いながら再現するだろうが、全部正確にニュアンスも含めて再現することはできないだろう。

　通訳の場合では、標準以上の能力を持つ通訳者であれば、1分くらいの話であればほぼ正確に再現できる。しかし、2～3分くらいになると10％くらいの抜けや誤りはあるかもしれない。5分くらいになると20～30％以上の抜けや誤りがあってもおかしくはない（あくまでも感覚的な話だが）。親睦パーティーでの世間話であればそれで問題はないだろうが、ビジネスでの打合せでは、話は別である。もし5％くらい話が割愛されただけでも、たまたまその抜けがあったところが重要なポイントだったら、話が正確に伝わらない。実際に通訳に抜けがあった場面に居合わせて、通訳者に「○○の部分を訳して伝えてください。」と横から依頼したことがある。

　海外ビジネスでは、通訳者にニュアンスも含め正確に通訳をしてもらうことが何にも増して必要だ。通訳者を使い慣れているVIPは、短く話を区切り、その都度逐次通訳してもらっている。一文一文切って話す必要はないが、話の流れも理解しやすいように、意味

がまとまった2～3文を話し、その都度切って逐次通訳してもらうくらいがよいのではないだろうか。

なお、当然のことだが、通訳者を入れる場合は、通訳者に伝える日本語は特に趣旨が明確でなければならない。話の背景や論理がはっきりわかるよう丁寧に話す必要がある。了解とも拒絶とも取れる「善処する」、「適切に対処したい」のような表現も問題だ。こうしたあいまいな表現は、英語に訳しようがない。通訳者が無理に訳すことで話が変な方向に伝わるリスクもある。適当にお茶を濁したつもりでも、後でトラブルになる可能性がある。日本人同士の日本語での交渉とは違うと頭を切り替えて対応しなければならない。

3-2　通訳者と専門分野の用語や背景事情を共有

鉄道ビジネスに関わる者は、ある程度英語での業務に慣れてくると、英語ができる人は（日本人であれ外国人であれ）自分たちが使っている鉄道用語を理解してもらえると思ってしまうかもしれない。しかし実際には、鉄道用語の英語表現は、英語がよくできる人でも理解できないものも多い。

たとえば、第2章7で紹介したように、海外でお世話になった現地のプロの通訳者から、「鉄道関係の通訳をするようになって、"rolling stock"という表現を初めて知った。"rolling"って、いったい何が転がる（roll）んだろうと思った。」という話を聞いた。この通訳者は優秀な方だったが、最も基本的な鉄道用語である"rolling stock"（車両）でさえ、最初はそれが何かわからなかったわけだ。

用語以外にも、鉄道ビジネスの内容について通訳者が理解できていないことから生じる誤訳の恐れもある。第5章1-4では、実際の業務の内容を理解していなければ、当社の業務規程にある以下の文章の下線部を正確に翻訳することはできないことを説明した。

輸送指令員は、き電を停止する区間内が支障しないことを確かめた上、電力指令員に対してき電を停止する時期を通告すること。

こうした内容を打合せなどの場で翻訳者に英訳してもらう場合も、話の流れや背景がわからなければ同じ問題が生じることは理解できるだろう。

私たち鉄道ビジネスに関わる者は、自分たちが「特殊な用語」を使っていること、自分たちの閉じた世界の中で仕事をしていることをまず自覚し、通訳者と十分に意思疎通を図る必要がある。会議などの通訳を依頼する場合には、少なくとも、事前にそこで使う資料を渡して読んでおいてもらう必要がある。和文・英文両方があれば、両方とも渡しておく。事前に打合せをし、会議の内容だけでなく、背景なども含め情報共有をしておくことが必

要である。資料の作成が会議の直前ぎりぎりにならないよう、通訳者との打合せの時間も考慮したスケジューリングをすることで、会議をより効果的に行うことができるはずだ。通訳業務の契約開始時に、用語集や参考になる資料などがあれば渡しておくことも有効だ。

3-3　通訳者との関わり方

　長い話を通訳してもらう場合や、専門分野の用語や背景事情が分からない場合以外でも、通訳者も人間なのでさまざまな訳し間違い・訳し漏れをすることはある。特に重要なところで訳し間違い・訳し漏れがあると、ビジネスには大きな支障となる。間違いは常に起こりうることを前提に、適切に対処しないといけない。その観点から、二点指摘したい。

　一つは、通訳者が正しく訳しているか、常に注意深く聞き、間違いや抜けがあれば、すぐに訳し直すよう依頼するか、割って入って発言することが必要である。もう一つは、打合せにはそのような介入ができる者が最低一人は入るようにすることである。それができない者が一人で通訳者だけを介してカウンターパートと打合せをすることは避けるべきだ。

　なお、通訳者がこちら側の仕事を継続して請け負うと、背景事情や専門用語に慣れてきてこちらの業務の内容にも精通してくる。そうすると、特に現地人の通訳者の場合、カウンターパート側の誰かが通訳者に直接話しかけて話の内容を確認しようとし、そこから先方のメンバーとこちらの通訳者のやりとりが続く場合がある。そうなると、こちらのコントロールが及ばない中でやりとりが行われ、誤った情報が伝わる可能性もある。特に、こちらが理解できない現地語でやりとりが行われることは極めて危険である。通訳者には、あくまでも通訳者に徹し、自分の判断で発言しないよう求める必要がある。先方のレベルの高い人物が現地語で通訳者に話しかけてきたときなど、やりとりを止めることが難しい場合でも、通訳者には英語で応答するよう求め、こちらにやりとりの内容がわかるようにした方がよい。少なくとも、何を説明したのかをその場で確認し、間違いがあれば訂正しなければならない。

図6-1　通訳を介した会議の様子（イメージ）

　最後に、通訳者の方をずっと見ながら話している日本人もいるが、カウンターパートを見て話すべきだ。言葉の内容だけではなく、表情などでこちらの思いも伝えるべきだからだ。

　通訳者は、海外ビジネスの重要なパートナーであり、心強い味方だ。上に述べたような点に留意してお互いによい関係を築き、通

訳者が存分に実力を発揮し、こちらのビジネスに貢献してもらえるような環境を整えることが大事だ。

 # ④ 翻訳会社とよい関係を築く

> **Point**
> ① 翻訳会社の翻訳にはどうしても間違いが生じる。翻訳の内容を十分にチェックする。
> ② 対訳集を提供して用語を統一することで、間違いを少なくする。
> ③ 翻訳会社にチェックされているという意識を持ってもらう。
> ④ 適切なコミュニケーションを取ることで、翻訳会社とのよい関係を築く。

　分量の多い英文資料を準備する場合などは、翻訳会社に英訳を発注することもあるだろう。以下では、翻訳会社の活用法について整理したい。なお、日本語を母語とする者にはより難しい日本文から英文への翻訳を前提として説明する。

　まず、強調しておきたいのは、翻訳会社から提供された翻訳は、決してそのまま使ってはいけないということである。誤訳や訳し漏れが全くないことはほぼないからだ。

　誤訳や訳し漏れがあるというのは、人間は間違うものだからだ。それに加えて、翻訳会社は鉄道の専門用語に必ずしも精通していないという事情もある。さらに大きな問題は、もとの文章を日本語で作成した当事者ではない翻訳会社が、他人である当事者の書いた日本文の内容を、その背景となる事情も含め完全に理解することは難しいということだ。字面だけを見て翻訳することが難しいことは、すでに述べたとおりである。書かれた内容を本当に正しく理解できるのは、その文章を書いた本人しかいない。以上のことから、翻訳会社による翻訳は、どうしても間違いが生じてしまうという前提に立ってチェックしなければならない。

　また、これも今まで再三述べてきたが、チェックは日本語が正確に英語に置き換わっているかという視点ではなく、翻訳を日本語に訳すともとの日本文と同じ意味になっているかという視点で行わなければならない。そのようにしてはじめて、翻訳が本当にもとの日本文の意味を正しく伝えているかどうかを確認することができる。

　翻訳会社による翻訳には間違いがあると述べたが、間違いを完全になくすことは不可能

だとしても、できる限り少なくする方法はある。

　その一つは、日本語の表現が英語の表現にどのように対応するかを示す対訳集を作成し、翻訳会社に提供することである。これによって、少なくとも主要な鉄道の専門用語については、翻訳作業の中での適切な英語表現の選択・英語表現の統一を図ることができる。実際には、対訳集が幅広い業務をカバーすればするほど、対訳集の中で英語表現を完全に統一することは難しくなる。また、専門用語の表現が統一できたとしても、より重要な文章の適切性の問題は残る。そうだとしても、対訳集の作成は、翻訳会社がより適切な翻訳を作成する上で大きな効果を発揮するだろう。

　もう一つは、翻訳結果が発注者によって厳しくチェックされるという意識を翻訳会社に持ってもらうことである。仮に成果物としての品質が低い翻訳を提出しても発注者側が何も指摘しなければ、受注する側では、よりレベルが高いものを作成しようとするインセンティブが働かないだろう。発注者側は、そのために、十分なチェックを行い、その結果を翻訳会社の側に伝えることが必要だ。

　その一方で、翻訳の対価という難しい問題がある。特に公的なプロジェクトを当社またはグループ会社が実施する場合には、より低い価格で翻訳サービスを発注することが求められる。そのために入札などの手続を経て低い価格で受注できる翻訳会社を選定する結果、高いレベルのアウトプットを出せても価格が高い翻訳会社は排除されてしまう。機械翻訳を活用している翻訳会社はより低い価格でサービスを提供できるが、機械翻訳による翻訳の校正（「ポストエディット」という）を適切に行わなければ、翻訳レベルが低下してしまう。また、価格削減の圧力がかかる結果、翻訳会社が単価の低い（＝翻訳能力の低い）翻訳担当者を当てることで対応し、アウトプットのレベルが下がってしまうことも十分考えられる。

　価格競争原理による翻訳会社の選定は、経費は削減できるが、翻訳レベルの低下につながるだろう。本来は高いレベルの翻訳には適切な対価を支払うべきだが、必ずしもそのような原則論だけで貫徹できないのは難しいところだ。

　しかし、すでに述べたように対訳集の提供など必要な情報を共有することで、同じ契約条件の下でも、翻訳会社がより適切な翻訳ができるようサポートすることはできる。また、翻訳会社による翻訳結果に対しフィードバックを行い、修正すべき点を伝えることで、同じ翻訳会社が次回も契約する場合には、学習効果も期待できるだろう。発注者側から適切なコミュニケーションを取ることにより、翻訳会社は作業が効率的・効果的に進めやすくなってよい成果物を生み出すことができ、こちらも助かるというウィン・ウィンのよい関係を築きたいものだ。

ネイティブ・チェッカーとよい関係を築く

Point

① ネイティブ・チェックは、日本人が間違いやすいポイントを確認してもらうために不可欠。

② しかし、ネイティブ・チェックを経た英文だから間違いはないと考えてはいけない。

③ ネイティブ・チェッカーがどのような観点からチェックを行っているかに注意し、チェックの結果について慎重に確認する。

④ 適切なコミュニケーションを取り、ネイティブ・チェッカーとのよい関係を築く。

　翻訳など英語を専門としている日本人にとっても、冠詞の要不要、単数・複数の区別などは難しいようだ。しかし、これらのポイントが間違っているとネイティブの人たちは極めて強い違和感を覚える。このような面で英語らしい表現に直してもらうために、ネイティブ・チェッカーによるチェックは不可欠だ。

　しかし、ネイティブ・チェッカーがチェックした英文だから間違いはないと考えてはいけない。本章3で通訳者は神様ではないと言ったが、ネイティブ・チェッカーも神様ではない。これは、ネイティブ・チェッカーの資質に問題があると言っているのではなく、ネイティブ・チェックに関わる本質的な問題があるという意味だ。

　もしネイティブ・チェッカーが、英文として語彙や文法が正しいかだけをチェックしているとすると、英文としては正しくなっても、日本文の意味が正しく英訳されていることは保証できない。これは、ネイティブ・チェッカーが悪いのではない。そのような仕事をする人と位置づけて会社が契約しているのであれば、当人は契約に従って忠実に職務を果たしているだけだ。依頼相手であるネイティブ・チェッカーがどういう位置づけなのかをよく確認して依頼し、チェックの結果を正しく受け止める必要がある。日本文の意味が正確に反映されているかも含めチェックしてほしいのであれば、（それができる方であることがもちろん大前提だが）そのように明確に依頼しなければならない。

　また、チェックを依頼した英文が十分に整理されていない文章である場合には、ネイティブ・チェッカーが文章を修正することがある。これによって、もとの日本文とは違う

意味の文章になってしまうこともある。チェックの結果書き換えられた部分は、もとの文章と内容が変わってしまっていないか、慎重に確認する必要がある。

　日本文と英文の両方を読み、英文が英語の文章として正しいかだけでなく、英文の内容が日本文の内容を適切に反映しているかチェックしてくれるネイティブ・チェッカーもいる。しかし、この場合でも、翻訳会社と同じ問題が起こりうる。もとの文章を日本語で作成した当事者以外のネイティブ・チェッカーが、他人である当事者の書いた日本文の内容を、その背景となる事情も含め完全に理解することは難しい。翻訳会社による翻訳結果と同様に、ネイティブ・チェックを経た英文にも、間違いが当然にあるという前提に立ってチェックすべきだ。ネイティブ・チェッカーが鉄道関係の用語や文章表現に精通しているかどうかによっても、チェックの結果は変わってくるだろう。

　いずれにしても、「ネイティブ・チェックさえすれば安心」と思っていてはいけない。ネイティブ・チェックは英文が正しいかどうかのチェックの一つの要素にすぎない。また、ネイティブ・チェックによる英文の修正結果を、ただ受け容れるのではいけない。なぜそう修正したのか、理由を考え、その修正が正しいと考えれば受け容れればいいし、そう思わなければ受け容れない判断もありうる。また、疑問に思う点があれば、チェックし修正した本人に確認すべきである。そうすることで、ネイティブ・チェックを真に効果的に活用できる。

　通訳者や翻訳会社と同様に、専門用語や文脈について理解を助けるための資料を共有する、チェック結果についてディスカッションを行うなどにより、ネイティブ・チェッカーにはこちらが期待するハイレベルな成果を挙げてもらうことができる。そういう意味で、ネイティブ・チェッカーと十分なコミュニケーションを取り、よい関係を築くことが重要だろう。

機械翻訳の活用法

Point

① 機械翻訳は必ず誤訳をする。翻訳結果のチェック・修正が必要。

② 鉄道用語を機械翻訳システムに記憶させても、完全に問題が解決するわけではない。

　機械翻訳の普及は目覚ましいものがあるが、それに伴い、第5章3-1で解説したように、機械翻訳による誤訳への対応が急務になっている。

　機械翻訳とは、コンピューターによる言語の翻訳である。近年ではAI（人工知能）の技術を用いたものが開発され、単純な文章や定型的な文章であれば機械翻訳でかなり正確に翻訳できるところまで来ている。しかし、基本的にその原理は、言語間の単語や文章の対応関係を記憶したり分析したりすることによるものであり、コンピューターが人間のように意味を理解して翻訳しているわけではない。機械翻訳は「私はあなたを愛しています。」を "I love you." と翻訳することはできるが、「愛」とは何かを理解しているわけではない。意味を理解していないために、人による翻訳ではまず起こりえない突拍子もない間違いをすることがある。

　少なくとも現時点では、機械翻訳では鉄道の業務に関する技術的な内容の文書を正確に翻訳することは難しいと考えられる。プロの翻訳者が機械翻訳を活用することも多くなっているが、翻訳者が機械翻訳にかけた後の英文修正（ポストエディット）を行うことで正確な文章に直すことが前提である。本章4で述べたように、機械翻訳を活用する翻訳会社もあるが、ポストエディットを厳密に行っていない会社は、低いレベルの成果物しか出すことができない。会社として機械翻訳を活用する場合も、必ず間違いがあるという前提で翻訳結果のチェックが必要である。

　会社で契約して使う機械翻訳システムの中には、専門用語を記憶する機能を持つものもある。そういうシステムであれば、日本語と英語の鉄道用語の対応関係を整理した対訳集を記憶させることで、鉄道用語の訳し間違いは少なくなると考えられる。

　ただし、用語を記憶したためにかえって間違いが起こることもありうる。たとえば、駅構内や車両基地内での車両の「入れ換え」を適切に英訳することができるよう、「入れ換え＝ shunting」という情報をシステムに記憶させるとする。そうすると、"shunting" の意味ではない「入れ換え」、たとえば「故障した中間車の入れ換え」も "shunting" と英訳される恐れがある。（この「入れ換え」は「取り換え」の意味なので、"replacement" とすべきだ。）逆に、英文からの和訳の場合、「shunting ＝入れ換え」を記憶しているシステムは、信号用語の「軌道短絡」を意味する "shunting"（第3章1-2参照）も「入れ換え」と和訳してしまうかもしれない。このように、用語を記憶させることだけでは問題解決にはならない。

　一部の企業が提供する先進的な機械翻訳システムでは、文章をまるまる記憶し、それを参照しながら正しい訳文を導き出すものがある。このような機能を活用するためには、システムによる翻訳結果をチェックし、修正して、正しい英文として記憶させる必要がある

ようだ。当社では、まだそのような本格的な機械翻訳システムの活用は経験していないので、そうしたシステムの効果について語るだけの知見は有していない。

　機械翻訳にはさまざまな限界がある。機械翻訳で作成した文書をそのまま対外的に使用することは避けるべきだが、たたき台として修正して使うものと割り切ればよい。限界を知った上で適切に利用すれば、機械翻訳は業務の効率化に役立つ強い味方となるだろう。

終　章
日本の鉄道をもっと世界へ！

 鉄道ビジネス英語の勉強法について

　「鉄道ビジネス英語」には「鉄道英語」と
「ビジネス英語」の二つの要素がある。ここ
では、この二つの要素に分けて、「鉄道ビジ
ネス英語」の勉強法についてまとめてみたい。

図 7-1　東京で開催された鉄道に関する国際会議

1-1　鉄道英語の学習

> **Point**
> ① 鉄道に関する文献や資料を活用し用語や表現を覚える。
> ② 自分の専門分野の勉強をしておけば最低限対応できる。

　「鉄道ビジネス英語」の一つの要素として、鉄道のことを話すための語彙、つまり、「鉄
道の仕事に特化した用語や表現」がある。以下では、「鉄道の仕事に特化した用語や表現」
を学ぶための鉄道に関する文献や資料についてまとめておこう。

⑴　鉄道総研の「鉄道技術用語辞典」

　「鉄道技術用語辞典」は、わからない用語をその都度調べるためだけに使うのでは、
もったいない。一部の検索結果からリンクで飛べるさまざまな「付図」を活用して、関係
する英語表現をまとめて覚えよう。また、鉄道総研の Railway Research Review
(RRR) に掲載されている用語の解説図も活用したい（第４章 1-1 参照）。

(2) JIS の鉄道関係規格

　JIS の鉄道関係規格の中には、英文版が販売され、和文版と英文版とを見比べながら読めるものがある。また、線路、電車線路、車両などの用語に関する規格では日本語の用語に対し「対応英語（参考）」が記載されている（第4章1-2参照）。

(3) 国際規格

　国際規格は、世界の鉄道の専門家によって書かれ、実際に世界で使われている鉄道の用語や表現が反映された、生きた英語教材だ。自分の専門分野の鉄道英語学習のステップアップのために活用したい（第4章1-3参照）。

(4) 国内で発行されている和文付き英文資料等

　日本の鉄道関係者が発行している和文付き英文資料は、和文版と英文版を見比べながら読めるので、初心者にも活用しやすい（第4章1-4参照）。

(5) 国際的な鉄道業界誌

　英文の国際的な鉄道業界誌も、世界で使われる鉄道の用語や表現を勉強するには最適の教材だ。オンラインで読めるものでは、International Railway Journal[1] や Railway Gazette International[2] がある。どちらも登録をすると無料で記事を読むことができる。継続して読むことで、鉄道に関する英語の用語や文章表現を自然に覚えることができる。

(6) 国際的な鉄道関係団体のウェブサイトやレポート

　国際的な鉄道関係団体の代表的なものとしては、UIC（国際鉄道連合）[3] と UITP（国際公共交通連合）[4] がある。前者は世界の国有鉄道や民営化された国有鉄道、後者は世界の公共交通事業者から構成される。これらのウェブサイトやそこからダウンロードできるレポートは、世界共通の鉄道用語で書かれており、鉄道英語を学ぶには絶好の教材だ。

(7) 海外の論文など

　海外の論文などについては、経験豊かな専門家によるコラム14をお読みいただきたい。

....

1) https://www.railjournal.com/
2) https://www.railwaygazette.com/
3) https://uic.org/
4) https://www.uitp.org/

【コラム 14：海外の論文で学ぶ】

　国際会議などで高度に技術的・専門的な議論をする段階となれば、国際的に通用する適切な鉄道用語を使うことが特に重要になる。逆に、適切な鉄道用語を使いさえすれば、単語を並べるだけでも通じることが多いくらいだ。

　国際的に通用する鉄道用語を覚えるには、その技術分野の英語による論文を読むのが一番だ。しかし、日本人も含むノン・ネイティブ・スピーカーが書いた論文では、必ずしも用語が適切ではない場合がある。やはりイギリス人の書いた論文が最も信頼がおける。

　海外に行くたびに買って読んだ鉄道や旅行に関する雑誌も仕事に役に立っている。

　鉄道の海外ビジネスで活躍するためにはさまざまな場面に対応する英語の能力が必要だ。パーティーでは、仕事の話ばかりしているわけにもいかず、世間話もしないといけない。日本への来客に食事の内容を英語で説明できれば人間関係の構築に役に立つ。

　しかし、最初のステップとして割り切って考えれば、車両の仕事をするのなら車両関係の用語を、信号の仕事をするのなら信号関係の用語を覚えておけば最低限の英語での対応はできる。自分の専門分野は、内容が分かっていて話の展開が想像できるので、英語で聴く場合でもとっつきやすい。まずは自分の専門分野に直接関わる範囲からスタートすればいいと思えば、ハードルはずいぶん下がるのではないだろうか。

1-2 ビジネス英語の学習

> Point
> ① ビジネス向けの英語の教材やプログラムで勉強する。
> ② 自分に合った教材や勉強法をみつけることが大事。

　「鉄道ビジネス英語」を構成するもう一つの要素である「ビジネス英語」、つまり「ビジネスに特化した英語」の学習法について触れる。以下では、国際事業本部に所属する当社社員の取り組み事例を、社員の声という形で紹介する。人によって自分に向いた勉強法や教材はそれぞれ違うだろう。あくまでも当社社員の取り組み事例の一部である。

○ NHK のビジネス向きのプログラムは、オーソドックスだが、実践で役に立つ内容が多

い。続けてやっていけばこれで十分ではないかと思う。負担はテキスト代だけで、コストもあまりかからないのでお得だ。

○オンライン英会話サービスは、知識やノウハウを身に着けるほかに、英語を話す恥ずかしさをなくし、度胸をつける効果も期待できる。さまざまなサービスがあるが、よりビジネスに特化したものの方が、仕事で使う英語を学ぶにはよいのではないか。

○交渉シーンでのやりとりについては、「テレコン英会話小冊子」[5] が役に立つ（第 6 章 1 参照）。電話での国際会議向けの会話集だが、Zoom などを使ったリモート会議や対面での会議でも使える表現が多く、大変有益だ。

○ビジネスでの E メールの書き方については、実にさまざまな書籍が出ているので、自分が使いやすいと思うものを選んで使うとよい。あえて一点だけおすすめするならば、『関谷英里子のたった 3 文で OK!　ビジネスパーソンの英文メール術』（関谷英里子著、ディスカヴァー・トゥエンティワン発行、2012 年）か。この本では、50 のビジネスの場面ごとにたった 3 文の E メールでコンパクトに意思を伝える方法を紹介している。

1-3　英語は気合と場数　－英語学習の心構え

> Point
> ① 英語に果敢にチャレンジし、慣れていくことが大事。
> ② 英語の力は後からでもついてくる。まずは国際業務へのチャレンジを。
> ③ ペラペラ話せないからといって気にすることはない。

(1)　英語は気合と場数

　国際業務の拡大に伴い、当社でも国際業務を経験したいと希望する社員が若手の間に増えてきている。しかし、若手の社員から「もっと英語を勉強してから志望しようと思います」という声が聞かれるのが気になる。「TOEIC で○○点取れたら、国際業務を志望しよう」と思っている読者もいるかもしれない。しかし、テストで高得点を取れることと、

5）https://www.ibm.com/downloads/cas/95W7L0JL

実際の海外ビジネスの現場で英語を使って仕事ができるかどうかはまた別だ。もちろん、テストのために勉強したことは決して無駄にはならない。だが、仕事に必要な英語のコミュニケーション能力は、実際に仕事をする中で身に着けていくしかない面がある。

図 7-2　海外に輸出される鉄道車両

　英語は「気合と場数」だ。自分はうまく話せないと思って積極的に話そうとしなければ、上達するチャンスを逃してしまう。さまざまな場面に果敢にチャレンジしていく「気合」が必要だ。パーティーなどの場も、無料の英会話教室だからお得だと思って、話の輪に自分から飛び込んでいく。そうしてチャレンジを重ねることで、英語に徐々に慣れていく。そうして「場数」を踏むことで、できなかったことができるようになっていく。

　当社は急速に国際業務が拡大したことから、入社してから長い間国際業務を経験しなかった中堅の社員が突然国際業務の担当に指名されることがある。ある社員は、英語での業務を未経験のまま、いきなり海外に派遣された。毎週英語でプレゼンテーションをすることになったが、必要に迫られることが一番役に立ったと言う。別の社員は、国際業務を志願したが、参加した海外体験プログラムの最初の一週間ほどはまったく英語が通じず、その後派遣された海外では単語だけで話すところからスタートした。これら二人の社員はその後国際事業本部に所属し、国際ビジネスの最前線で活躍している。

　まずは国際業務に飛び込む。英語でプレゼンテーションやディスカッションをしなければならない状況に追い込まれる。英語でやるのは大変だが、とにかくやらなければならない。なんとかやりとげる。それを積み重ねることで、できることが増えていく。「気合」と「場数」が大事だ。

⑵　ペラペラ話せなくてもいい

　日本人は、特に会話では、自分はネイティブ・スピーカーのようにペラペラ話せないと思って委縮してしまう人が多いようだが、過度に気にする必要はない。いかにも日本人のような英語の話し方でも、世界のトップレベルの研究者として高く評価されている方も実際にいる。必ずしも「ネイティブのようにペラペラ」でなくても自分の専門分野で活躍することはできる。「話す中身」、つまり鉄道ビジネス英語でいえば、鉄道に関する高い知識と見識があれば国際社会で通用する（ただし、rとlの区別、sとthの区別など発音が多少不正確

でも通じるが、アクセントやリズムがおかしいと聞きとってもらえないことには注意したい）。

　さらに、世界で英語を話す人は、イギリスやアメリカ出身という意味でのネイティブ・スピーカーだけではない。インド、フィリピンやシンガポールの出身者のように英語が本来の母語ではないが、その国で英語が公用語であるために英語話者である人々もいる。また、フランス人やドイツ人などで、英語は母語ではなく日常生活では使わないが、国際ビジネスの場で英語を使う人たちも多い。したがって、ネイティブは英語話者の中ではむしろ少数派だ。インド人がインドなまりの英語で、フランス人がフランスなまりの英語で、堂々と意見を主張するのが現代の国際社会だ。私たち日本人も、日本語なまりの英語で、堂々と私たちの主張をすればいい。私たちが「ネイティブのような話し方をしなければ」とことさらに自らのハードルを高くする必要はない。

② 日本の鉄道をもっと世界へ！

　日本の鉄道は明治以来の歴史を経て全国にネットワークを拡大し、経済社会の発展に大きな貢献をしてきた。安全性、輸送の正確性・安定性などの面での技術・ノウハウは世界に誇るべき水準にある。しかし、世界のマーケットでの日本の鉄道のプレゼンスは必ずしも大きくない。

　話は変わるが、日本は国連の機関その他の国際機関に対し大きな財政的貢献を行っているが、それに比べ人材面での貢献は低調である。その一つの要因として日本人の語学力の問題があることが指摘される。これと同様に、日本の鉄道に関わる産業が主として国内の需要をターゲットにしてきたために、語学面も含め海外で活躍できるスキルを持った人材の育成が遅れており、そのことが私たちの鉄道の海外進出の障害の一つとなっているとすれば、残念なことだ。

　もちろん日本の鉄道の海外進出に関わる課題は多岐にわたり、人材の問題だけが原因ではない。人材の問題に関しても、鉄道に関する高度な技術・ノウハウを持った人材の育成が基本であり、語学力は海外ビジネスで活躍するための幅広い特性の一つに過ぎない。とはいえ、少なくとも当社は、さまざまな国際業務に取り組む中で、社員の「鉄道ビジネス英語」に関わる知識・ノウハウの向上の必要性を痛感している。

　冒頭で述べたとおり、本書は当社グループの「鉄道ビジネス英語」に関する経験を共有することにより、微力ではあるが日本の鉄道の海外展開に貢献したいという思いから刊行したものである。わたしたちが150年かけて育ててきた日本の鉄道が、世界で一層大きく飛躍を遂げることを心から願っている。

【用語索引（日本語）】

【用語索引 (英語)】

編 著 者 紹 介

東日本旅客鉄道株式会社　国際事業本部

東日本旅客鉄道株式会社（JR東日本）国際事業本部は、タイ・バンコクの都市鉄道「パープルライン」への事業参画、インドネシアの鉄道事業者への支援、インド高速鉄道プロジェクトに関する日本政府等への支援などさまざまな海外の鉄道プロジェクトに参画している。また、鉄道に関する国際機関との連携、鉄道分野の国際標準化活動にも取り組んでいる。

現場で役立つ 鉄道ビジネス英語

定価はカバーに表示してあります。

2022 年 11 月 18 日　初版発行
2023 年 2 月 8 日　3 版発行

編著者　東日本旅客鉄道株式会社　国際事業本部
発行者　小川典子
印　刷　株式会社 丸井工文社
製　本　東京美術紙工協業組合

発行所 株式会社 **成山堂書店**
〒160-0012　東京都新宿区南元町 4 番 51　成山堂ビル
TEL：03（3357）5861　　FAX：03（3357）5867
URL：https://www.seizando.co.jp
落丁・乱丁本はお取り換えいたしますので、小社営業チーム宛にお送りください。

ISBN978-4-425-96341-6

成山堂書店の鉄道関係書籍

RAMS 規格対応
鉄道車両・保守設備プロジェクトマニュアル

佐藤芳彦　著
B5判　320頁
定価 4,620 円（税込）

海外に鉄道技術を展開するためには、「RAMS」という世界基準になりつつある規格に、対応することが求められています。
それにどう対応すればよいかを記した、唯一無二のマニュアル本。
鉄道従事者はもちろんのこと、鉄道ファンの方も興味を持つ内容です。

鉄道システムインテグレーター
ー海外鉄道プロジェクトのための技術と人材ー

佐藤芳彦　著
A5判　256頁
定価 2,970 円（税込）

日本の鉄道技術の輸出と海外の鉄道プロジェクトに係わるコンサル業界で、プロジェクトの基本設計や入札図書作成などに、全体を見渡して、個々のサブシステムや施設の仕様を調整するシステムインテグレーターが欠かせません。本書では、海外プロジェクトにおけるシステムインテグレーターの役割と彼らが知っておくべき基本事項をまとめたもので、鉄道運行会社、商社、ゼネコン、鉄道技術者たちが、今後身に付けておくべき知識を解説しています。

世界の鉄道調査録

秋山芳弘　著
B5判　1096頁
定価 19,800 円（税込）

月刊『鉄道ジャーナル』誌に 10 年にわたり連載されてきた「世界の鉄道めぐり」を地域ごとに再編集して書籍化。ヨーロッパ・アジア・アフリカ・中東・南北アメリカなど訪れた国と地域は 100 か所におよぶ。現地の風土を肌で感じられるような読み物風にまとめながらも、海外鉄道の専門家として長く世界の鉄道調査に携わってきた知見、正確な資料、路線図、現地の写真も豊富に掲載しています。